クラスを最高の雰囲気にする！

目的別

学級ゲーム&ワーク50

赤坂真二 編著
AKASAKA SHINJI

明治図書

はじめに

　みなさんの学級には，どんな雰囲気がありますか。

　場には独特で固有の雰囲気があります。教室も同じです。中学校の先生方はよく知っていることでしょう。学級によって雰囲気が全然違うことを。小学校の先生も，ときどき他の学級をのぞいてみたり，研究授業で他の教室にお邪魔したりすることがあると気づくのではありませんか，それぞれの教室にそれぞれの雰囲気があることに。

　雰囲気は，読んで字の如く，「気」ですから，つかみどころがなくよくわかりませんし，普段はあまり意識されることもありません。雰囲気にはいくつかの意味があります。「大気のようにそこに最初からあるもの」という意味の他に，「その場にいる人たちがつくり出している気分のようなもの」を指す場合もあります。

　つまり，自然に存在しているものもあれば，人々がつくり出しているものもあるのです。また，もう1つ見逃してはいけないことがあります。そして，ここが最も大事なところです。その場の雰囲気は，私たちの行動に少なからず影響力を持っていることです。

　みなさんは，レストランやカフェを選ぶときに，どんな基準で選びますか。そこで出される料理や飲み物のクオリティを基準にすることは当然でしょうが，雰囲気も結構重要だったりしませんか。清掃がなされず，物が雑然と置いてある場所では，心がざわざわし，逆に，清掃と整理が行き届いた場所では心が落ち着くという経験をしたことがある方もいるでしょう。また，各地にはパワースポットと呼ばれる，そこにいると元気が沸いてくる場所もあれば，その逆の場所もあります。これなどは，その場の雰囲気が持つ力を示すわかりやすい例でしょう。

　教室の雰囲気も同様で，実は子どもたちの行動に強く影響しているのです。学級経営においては教室環境が重視されます。雰囲気は，教室環境としてかなり重要であるにもかかわらず，その曖昧さからあまり言及されませんでした。雰囲気が悪くなったときの回復の仕方や，雰囲気の変え方なども注目されてきませんでした。

　本書は，今まであまり注目されることのなかった雰囲気に正面から向き合った画期的なゲーム&ワーク集です。学級づくりを雰囲気づくりから捉え，その考え方と技術を示しました。また，学級の成長段階に合わせて適切な雰囲気を想定し，ねらいとして設定しました。

　執筆したのは，全国各地の勢いのある実践家たちと，私と一緒に大学院で実践研究をしてきたメンバーです。日々，試行錯誤をしながら子どもたちと格闘してつくり上げてきた活動と，集団づくりの研究的視点から雰囲気づくりに有効であると考えられる活動から，活動例を選び出しました。年間の学級づくり戦略に位置付けて最初からじっくり取り組むのもよし，つくりたい雰囲気から活動を選び出してピンポイントで実践してもよし，やり方は自由自在です。みなさんの学級づくりにお役に立てることを確信しています。

2015年1月

赤坂真二

本書の使い方

1 対象学年・時間・準備物
実施するのに望ましい学年，実施するための目安となる時間や準備する物。本書は小学校・中学校での使用を考えています（全学年＝小１～中３，３年生＝小３を表します）。

2 ねらい
ねらいとする雰囲気を紹介しています。ゲームやワークなどの活動は，目的地まで行く通り道です。同じような活動でも違ったねらいで実施することで，違ったものになります。

3 ゲームの概要
ゲームの様子を示しました。実施する前にゲームの全体像とそれによって生み出される雰囲気を想像してみてください。

4 進め方
進め方はサンプルです。学級の実態に合わせて，アレンジしてください（いくつかの活動にはアレンジの例も示してあります）。

5 雰囲気づくりのポイント
ねらいとする雰囲気をつくるためには，実施中の教師の働きかけ方が重要なカギを握ります。個々に示すポイントを外さないようにやってみてください。

6 評価のポイント
ゲームが単なる遊びで終わらず，子どもたちに学びをもたらすためには，評価の仕方がとても大事です。子どもたちの適切な姿をどこで見取り，どのようにフィードバックするかを示しました。

7 日常化のポイント
ゲームがその場限りのものにならないように，ゲームで得た学びを学級の日常に活かすポイントを示しました。日常化がうまくいくと学級の雰囲気が変わってくるでしょう。

目次

はじめに ……………………………………………………………… 002
本書の使い方 ………………………………………………………… 003

序章 学級づくり成功のカギは「雰囲気」にある！

❶ なぜ学級づくりに「雰囲気」なのか ……………………………… 007
1. 雰囲気の力 ………………………………………………………… 007
2. 雰囲気をつくる教師が成功する ………………………………… 008

❷ 学級づくりに必要な雰囲気とは …………………………………… 009
1. 学級の役割 ………………………………………………………… 009
2. 学級づくりの根底を支える雰囲気 ……………………………… 009

❸ 雰囲気から見る学級の発達段階 …………………………………… 011
1. 第1段階：安心の雰囲気 ………………………………………… 011
2. 第2段階：かかわろうとする雰囲気 …………………………… 012
3. 第3段階：ルールやマナーを守ろうとする雰囲気 …………… 012
4. 第4段階：あたたかな結びつきの雰囲気 ……………………… 013
5. 第5段階：自分たちで問題を解決する雰囲気 ………………… 014

❹ 雰囲気づくりゲーム＆ワークを成功させるコツ ………………… 015
1. 本書の効果を引き出すために …………………………………… 015
2. 目的と目標を区別する …………………………………………… 016
3. 実態に応じて活動を選ぶ ………………………………………… 016
4. 実態に応じて活動をアレンジする ……………………………… 016
5. 教師自身が楽しむ ………………………………………………… 017
6. 活動を見守る ……………………………………………………… 017
7. 他の時間にも広げる ……………………………………………… 017

第1章 「安心の雰囲気」をつくる学級ゲーム＆ワーク

❶ やまびこゲーム …………………………………………………… 018
❷ ふせんでポイントアップ ………………………………………… 020

❸ 絵本 de お絵かき「〇年〇組オリジナル絵本」……………………… 022
❹ お手玉遊びいろいろ ……………………………………………… 024
❺ 拍手で3・3・7拍子 ……………………………………………… 026
❻ 思い出ダウト ……………………………………………………… 028
❼ リズムで遊ぼう「リズムフォー♪」 ……………………………… 030
❽ 人間間違いさがし ………………………………………………… 032
❾ ハイ！ ハイ！ …………………………………………………… 034
❿ 日替わりじゃんけん ……………………………………………… 036
⓫ 手がかりクイズ …………………………………………………… 038
⓬ つながりビンゴ …………………………………………………… 040
⓭ 今日のおみくじ …………………………………………………… 042
⓮ あいこでハイタッチ ……………………………………………… 044
⓯ ビートでパン ……………………………………………………… 046

第2章 「かかわろうとする雰囲気」をつくる学級ゲーム&ワーク

⓰ この国ど〜こだ！ ………………………………………………… 048
⓱ グループを笑顔にする「みんなでベルトコンベアー」………… 050
⓲ まねっこしよう！「ピヨピヨちゃん」…………………………… 052
⓳ 元気はつらつ！「健康観察メッセージリレー」………………… 054
⓴ 班のかかわりを深める「今日の友だち」………………………… 056
㉑ みんなで１つの詩を ……………………………………………… 058
㉒ みんなで協力！ 輪の中に入ろう ……………………………… 060
㉓ 書き言葉で互いの思いを紡ぎ合う「ラウンド=テーブル」…… 062
㉔ アベレージ・ヒッター …………………………………………… 064
㉕ 自分をちょっと好きになる「リフレーミングワーク」………… 066

第3章 「ルールやマナーを守る雰囲気」を高める学級ゲーム&ワーク

㉖ パズル de 席替え☆—パズルと席替えがまさかのコラボ！？— ……… 068
㉗ ハラハラ！ ドキドキ!! 無人島崩壊ゲーム
　　―最後まで生き残れるのは誰だ!?― ……………………… 070
㉘ ことわざカルタ …………………………………………………… 072
㉙ こじつけディベート ……………………………………………… 074

- ㉚ ハッピー・レター ……………………………… 076
- ㉛ お絵描きリレー ………………………………… 078
- ㉜ やるじゃん！ ミーティング …………………… 080
- ㉝ 聴き方名人になろう！ ………………………… 082
- ㉞ 給食準備選手権大会 …………………………… 084
- ㉟ 黙々（もくもく）木曜日 ……………………… 086

第4章 「あたたかな結びつきの雰囲気」を高める学級ゲーム＆ワーク

- ㊱ ナンバー・コール ……………………………… 088
- ㊲ 先生をスケッチ ………………………………… 090
- ㊳ 教育実習生㊙ドッキリ大作戦 ………………… 092
- ㊴ ラベルで成長の軌跡 …………………………… 094
- ㊵ ○年△組　アートワールドをつくろう ……… 096
- ㊶ サッカー式あいさつ …………………………… 098
- ㊷ レッツ！ ババ抜きつ抜かレッツ！ ………… 100
- ㊸ レッツ・シマーマ！ …………………………… 102
- ㊹ みんなでぴたバラ ……………………………… 104
- ㊺ 手拍子インパルス ……………………………… 106

第5章 「自分たちで問題を解決する雰囲気」をつくる学級ゲーム＆ワーク

- ㊻ 自分たちだけでミッション解決！ …………… 108
- ㊼ バケッツ・ボール ……………………………… 110
- ㊽ 超簡単ラグビー ………………………………… 112
- ㊾ 毎日のクラス会議 ……………………………… 114
- ㊿ 週1回のクラス会議 …………………………… 116

- おわりに ……………………………………………… 118
- 執筆者一覧 …………………………………………… 119

[序章] 学級づくり成功のカギは「雰囲気」にある！

1 なぜ学級づくりに「雰囲気」なのか

1 雰囲気の力

　旅行をすると，その土地その土地に漂う空気があります。都会の雑踏には騒がしさや賑やかさ，大自然の中にはのどかさや落ち着き，などの全体的な印象のことです。それはもっと小規模な場所の中にも感じ取られます。ショッピングモールにはショッピングモールの，食べ物屋さんには食べ物屋さんの空気があります。食べ物屋さんにだって，洋食屋さんと和食屋さんでは違う空気があります。

　その場が持っている固有の空気，これが雰囲気です。

　小学校の学級担任の先生はあまり感じることがないかもしれませんが，複数の学級で授業をする級外（担任外）の先生や中学校の先生は，よくおわかりだと思います。それぞれの学級に，その学級特有の雰囲気があります。明るい，暗い，あたたかい，冷たい，まとまりがよい，まとまりが悪い，ノリがいい，ノリが悪い，様々でしょう。また，1つの学級が1つの雰囲気というわけではなく，複数の雰囲気を同時に持ち，また，そのときそのときで変わることもあるでしょう。

　この雰囲気は，学級集団に多大なる影響力を持っています。

> 雰囲気を制する教師は，集団づくりを制す。

　「制す」というと，何だか支配的で，あまり好ましくないかもしれませんが，雰囲気の持つ影響力を表現するには適切な言葉ではないかと思っています。その影響力を端的に表した言葉があります。

> 赤信号，みんなで渡れば怖くない。

　みんなが信号を守っているときに，信号無視をすることはかなり勇気が要りますが，あちこち信号無視を見かければ，それをすることに抵抗感がなくなるということをユーモラスに伝える言葉としてあまりにも有名です。

2 雰囲気をつくる教師が成功する

　これは，信号のルールだけを示すことではないことは，学級担任を数年やってきた教師ならば誰もが理解することでしょう。学習する雰囲気のあるクラス，清掃を一生懸命やる雰囲気のあるクラス，努力する雰囲気のあるクラス，そして，赤信号の例で示すようにルールを守る雰囲気のあるクラス。こうして考えてくると，ルールを守ることすら雰囲気が大事なのです。つまり，次のことが言えます。

> 子どもは，ルールではなく雰囲気に従って行動する。

　集団づくりをするときに，この雰囲気の影響力を知り，それをつくり出し，有効に活用することができる教師は，集団づくりに成功する可能性がぐっと高まるのです。
　成功している観光地，施設，お店を想起してみてください。人を寄せ集める雰囲気づくりに成功しているではありませんか。その代表例が，あの日本有数の集客数を誇る巨大テーマパークです。行ったことのある方も多いかと思いますが，あそこは実に周到に雰囲気づくりがなされている施設だということは誰もが異論がないことでしょう。
　施設に近づくにつれ，壁の装飾から電車のホーム，道の舗装に至るまで非日常を描いた世界が目に飛び込んできます。やがて音楽が聞こえ，それはさらに巨大なスピーカーの重低音を伴い体も震わせます。そしてそこで売られるスウィーツなどの甘い匂い…五感全部を通じて，夢の世界の雰囲気が体にしみこんできます。そして，施設に入ったときには，もう，訪問者はすっかり夢の国の住人になっているのです。
　しかめっ面をしがちな大人もあそこでは笑顔になり，普段は大声をあげてはしゃぐことのない子どもたちも，歓喜の声をあげながら走り回っています。普段は買うようなことのないグッズを購入し，普段は身に付けるようなことのない装飾具を身に付けます。
　それらは日常生活において，ほとんど必要がない物でしょう。しかし，あそこでは，こぞって，けっして安くはないお金を払って買い求めてしまうのです。なぜ，そんなことをしてしまうのでしょうか。
　そう，それが雰囲気の力です。集中して学習する学級には，集中して学習する雰囲気があるのです。いじめが起きない学級ではいじめを許さない雰囲気があるのです。では，その雰囲気は誰がつくるのでしょうか。

> その発信元は，間違いなく教師です。

2 学級づくりに必要な雰囲気とは

1 学級の役割

　学級づくりに成功している教師は，学級に望ましい雰囲気をつくることに成功している教師だと言えます。それでは，学級の望ましい雰囲気とはどんな雰囲気なのでしょうか。

　それを説明するためには，そもそも学級は何のためにあるのかという説明が必要です。そもそも学級は何をする場所なのでしょうか。学級という場所では，学習が展開され生活が営まれます。それは何のためかと言えば，一言で言えば子どもたちの成長のためです。成長とは，教育基本法を持ち出すまでもなく，人格の完成に近づくことを言うのでしょう。では，人格の完成とは一体何なのでしょうか。

　完成された人格のモデルなどはとても示せるものではありません。これが完成された人格だと言ったとしても，その瞬間に別の見方が成り立ってしまいそうに思います。完成された人格とは，よい授業のように，追究する中で議論するようにゴールがはっきりしないけれども，求めること自体に意味があるものではないでしょうか。つまり，

> 　よりよい自分に向かって挑戦を続けることが人格の完成に向かう行為であり，その姿勢自体が完成された人格の1つの姿

だとも捉えることができます。

　つまり，望ましい学級に必要な子どもたちの姿は，よりよい自分に向かって挑戦する姿であり，その挑戦する意欲を喚起する雰囲気が，学級における望ましい雰囲気であると考えられます。確かに力のある教師たちは，子どもたちの瑞々しい挑戦への意欲，つまり，やる気を育てています。

2 学級づくりの根底を支える雰囲気

　では，そのやる気を引き出すために必要な雰囲気とは何でしょうか。みなさんは，どんなときにやる気になりますか。それを考えてみればわかりやすいと思います。締め切りや期限が迫るなど切羽詰まった状況になるとやる気が出るという方もいますが，それは「やらざるを得ない」から喚起される意欲であり，本来の「やりたいからやる」という意欲ではありません。前者は短期的な取り組みだからやれるのであって，長期的にそうした状況に置かれたらとてもがんばれません。遅かれ早かれリタイアするでしょう。瑞々しいやる気とは，後者の「やりたい

からやる」という意欲です。

　これを生み出すものは，安心感です。

> 私たちは，安心感を持ったときにやる気になります。

図1　やる気を生むサイクル

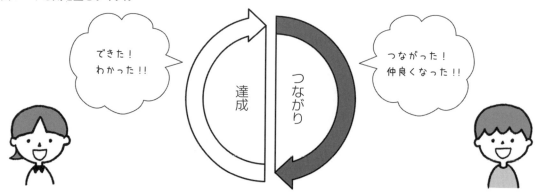

　私たちは，皆，成長への欲求を持っています。だから，本来的には安心すると，手を抜くのではなく，やる気になるのです。学習をがんばる子どもたち，スポーツに取り組んでいる子どもたちは，安心感を持っています。失敗しても大丈夫だと思っているから挑戦できるのです。

　では，その意欲はどのような方向に伸ばしていけばいいのでしょうか。それを示すキーワードが「つながり」と「達成」です。私たちが生きていく上で，個人的な達成だけでは成長の意欲を伸ばすことはできません。個人的達成だけを追究すると，人々とのつながりが断ち切れてしまって支持を失い，結果的にその状況がやる気を奪うのです。では，人とつながればいいのかというと，そうでもありません。つながりだけを重んじると自分の本音ややりたいことを後回しにしてしまい，結果的に自分を軽んじることになり，これもやる気を奪われる状況に身を置くことになります。

　やる気を適切に伸ばすには，自分と他者のニーズに折り合いをつけて，ものごとを進めていくことが大切なのです。具体的には，

> つながりの中で課題を達成すること

が，私たちのやる気を伸ばします。

　学級づくりにおける望ましい雰囲気とは，安心感に基づくやる気を引き出す雰囲気であり，他者と適切にかかわる行為を促す雰囲気であり，その適切なかかわりの中で，学習や生活の課題を解決していくことが実現できる雰囲気だとまとめることができます。

3 雰囲気から見る学級の発達段階

　以上のように考えてくると，望ましい学級の雰囲気から，学級の発達段階（図2）が見えてきます。

図2　雰囲気から見る学級の発達段階

- 安心の雰囲気
- かかわろうとする雰囲気
- ルールやマナーを守ろうとする雰囲気
- あたたかな結びつきの雰囲気
- 自分たちで問題を解決する雰囲気

1 第1段階：安心の雰囲気

　学級は出会った段階では，緊張状態にあることが想定されます。教師も子どもたちもメンバーが替わっていないことがありますが，メンバーが替わっていないことと安心感があることは，別な話です。むしろ，1年間以上メンバーが替わっていないのに安心感が欠落している集団の育成はかなり困難が予想されます。

　いずれにせよ，教師と子どもたちの間，そして，子ども同士の間の緊張関係をほどきます。所謂，アイスブレイクが実現した状態です。明るい見通しまでとは言いません。明るい予感のようなものを持たせることができればいいのです。

2　第2段階：かかわろうとする雰囲気

　学級におけるかかわりは、かかわる人数が大きい方がより安心感が生まれると共に、よりダイナミックになります。ダイナミックな活動を達成することにより、子どもたちの活動や生活に対する自信は高まり、よりやる気を持ちます。

　しかし、いきなり大人数でかかわることは難しいです。知らない人の中にポツンと置かれたら、誰でも戸惑います。学級の事情は先生方がもっともよく知っていることでしょうが、子どもたちから見ると、学級というのは最初の段階では、病院の待合室や電車の中のようになっています。つまり、極めて少数の知り合いの他は、圧倒的多数の知らない人たちに囲まれているのです。その中で日常活動をしていくためには、まず、知り合いを増やすことです。

　そのためには、近隣の座席のメンバー、つまり、隣の子やグループの子どもたちと知り合いになるための出会いの時間が必要です。一緒に活動する数人の仲間ができたら、やがて大きな人数のグループにかかわっていけます。

3　第3段階：ルールやマナーを守ろうとする雰囲気

　第3段階は、場合によっては、第2段階と同時進行が望ましいです。学級に傷つけ合うような雰囲気がある場合は、この第3段階の雰囲気をつくっておかないと子どもたちは安心してかかわることができません。

　スポーツの試合が、なぜ、楽しくやれるかというと、審判がしっかりしているからです。審判がしっかりしているということは、ルールがしっかり守られているからです。楽しい学級を志向する教師が陥りがちな失敗は、楽しさを志向するあまり、ルールの徹底を怠ることです。ルールを徹底するのは、子どもたちの生活を縛りつけるためで

はありません。子どもたちを安心させ，子どもたちの自由な活動を保障するためです。集団生活における自由な活動とは，ルールの範囲内でということです。ルールなき自由は無法地帯になり，かえって自由を奪ってしまうのです。

　ただ，なぜこれが3番目にきているかというと，荒れた経験を持つ子どもたちほど，ルールやしつけに対する拒否感が強く，自分たちをコントロールしようとする教師に対して露骨に反抗する場合もあります。そうした実態の子どもたちには，第1，第2段階の雰囲気をつくりながら，最低限のきまりやマナーを守らせながら，よりダイナミックなかかわりができるように第3段階の雰囲気をつくる活動に入っていくことをお勧めします。

4　第4段階：あたたかな結びつきの雰囲気

　第1段階から，第3段階までの雰囲気が定着してくると，学級は落ち着いてきます。しかし，それだけだと，教師と子どもたちが何となくつながっていて，子ども同士もそこそこつながっているけれど，何となくこぢんまりとまとまっている学級で終わってしまいます。

　素直だけどおとなしい。問題は起こさないが自ら行動することもないという学級になりがちです。管理という面ではやりやすいかもしれませんが，子どもたちのやる気を引き出し，一人一人が伸びる学級にはなりません。

　学級が一皮むけるためには，あたたかさが必要です。互いに助け合ったり，認め合ったりする雰囲気が必要なのです。あたたかさからさらに進展し，「〇〇くんって，さすがだね」「〇〇ちゃんて，すごいね」という尊敬し合う雰囲気になってくると，さらに子どもたちの積極的な姿勢が引き出されます。

　また，子どもたちのかかわりにあたたかさが加わると，子どもたちはさらに多くの仲間とかかわろうとするので，子どもたちの活動はよりダイナミックになってきます。ペアやグループを超えたかかわりの成功は，より喜びは大きく，そこで得られる自信はさらに確かなものになります。したがって，引き出されるやる気もより大きなものになります。

　子どもたちが，ペアやグループという枠組みを超えて，学級に関心を持ち，貢献しようとし始めますので，学級全体がまとまってきます。

5　第5段階：自分たちで問題を解決する雰囲気

　学級の成長段階の最終的な姿は，自治的集団です。自治的集団とは，自分たちの課題を自分たちで解決する集団です。みなさんは，どんな学級集団のゴール像を描いていますか。素直でよく言うことを聞くけど，教師がいないと行動できない学級ですか。それとも，自分たちで考え，意志決定し，自ら行動する学級ですか。

　恐らく学級担任を拝命したのなら，後者を選んでいるのではないかと思います。

　そのためには，あれこれ教師が仕切ることをやめなくてはなりません。あれこれ教師が決めることをやめなくてはなりません。あれこれ教師が子どもたちの行動に責任を取ることをやめなくてはなりません。自治的集団に育てるためには，教師が仕切ることをやめ，子どもたちに決めさせて，その行動の結果を子どもたちに評価させるのです。教師がそれらをやっているうちは，子どもたちは自分たちで問題を解決するようにはならないのです。

　子どもたちがこうしたことをするようになるのも，雰囲気が大きくかかわっています。子どもたちが自分たちの課題に対して，自分たちで何とかしようという行動を促すのも雰囲気です。そうした雰囲気を教師が意図してつくり出していく必要があるのです。

雰囲気づくりゲーム＆ワークを成功させるコツ

1 本書の効果を引き出すために

図3　学級づくりの戦略図

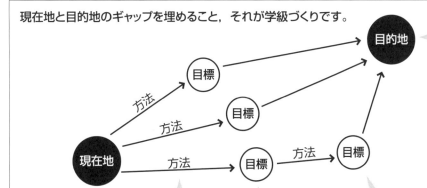

　本書はゲーム＆ワーク集です。普通の教育活動が成り立っている学級であれば，そのまま実践しても，活動自体は，うまくいくことでしょう。しかし，そこでつくられた雰囲気が長続きし，学級が成長するかというと，それは保障できません。
　かつて様々なゲームやワークを扱った書籍が出ました。それぞれの執筆者の実践をくぐったものですから，それなりに効果をあげたことは間違いありません。かく言う私も，そうした実践をしてきた教育書のユーザーでしたから，幾らかの成功体験を持っています。しかし，ゲームやワークでつくられた好ましい事実は，継続的なものではありませんでした。そのとき，その1時間，または，その直後の数時間は，よい雰囲気やよい行動が見られても，また，すぐに元通りということが多々ありました。また，書いてある通りにやっても期待通りの事実が生まれるとは限りませんでした。むしろ，トラブルが起こってしまうようなこともありました。
　では，どうしたら本書の効果を最大限に引き出すことができ，また，長続きさせることができるのでしょうか。そして，何よりも，学級の改善につなげることができるのでしょうか。ま

ずは，実践書やマニュアルとはそういう性格のものだとわきまえることが大切だと思います。

> 万能薬ではなく，改善のきっかけづくりとすること

を強く自覚することです。

そして，本書を戦略的に活用することです。例として図3のような戦略図を用いて説明します。

2 目的と目標を区別する

本書における学級のゴールイメージは，「自分たちで問題解決をする雰囲気を持った」集団です。従って，それが図3の「目的地」になります。図3の「目標」とは，目的を達成する1つの具体的行為像です。その目標は各ゲーム＆ワークに示された「ねらい」です。目的と目標を混同しないようにしてください。目標は1つの指標ですから，失敗してもいいのです。もし，うまくいかなかったら別な活動をすればいいのです。大事なことは，

> 目的に向かって，継続的にあの手この手で働きかけること

です。

学級づくりの仕事は，1時間の活動，1回の働きかけで完結するわけがありません。しつこく執拗に，繰り返し働きかけます。

3 実態に応じて活動を選ぶ

図3の「方法」にあたるのが，各ゲーム＆ワークの一つ一つの活動です。学級の実態，つまり，現在地をよく見極めて，それに合った活動を選んでください。子どもたちはもう，第1段階をクリアしているのに，やりやすいからといってそれを繰り返しやっているのでは，成長しません。また，決まりを守る雰囲気ができていないのに，ダイナミックな活動をしかけるのはリスクが大きいです。実態に合った活動を見極めて実施してください。

4 実態に応じて活動をアレンジする

それぞれの活動は，各執筆者が実践をくぐらせた実効性が高いものばかりです。しかし，全ての子どもたちに同じ指示で適用できるかというとそうではありません。学級の実態に応じて，指示を減らしたり，逆に，増やしたりすることが必要です。そこは，教師や実践者としての腕の見せどころです。

本書に対してけっして受け身にならないでください。むしろ，積極的にアレンジを加えるく

らいの気持ちで実践してください。

5 教師自身が楽しむ

　本書は，子どもたちに適用する活動の数々です。そして，ねらいは学級の雰囲気をつくることであり，学級の実態改善です。

> 成功のための一番大きな要因は，ズバリ，教師の姿勢

です。
　先生方も講演会などに行かれると思います。また，コンサートやライブに行かれると思います。雰囲気をつくるのは講師であり，アーティストです。彼らが，つまらなそうに話していたり，演奏していたらどうでしょうか。全くの興ざめですね。
　生き生きと楽しそうに話す人の話は聞いていたいし，ノリノリで演奏していたならば，こちらも気分がいいです。それぞれのねらいに応じた雰囲気をまず教師自身がつくり出しながら，実践を進めることが大事です。実践する教師が，身をもって楽しそうに実践します。

6 活動を見守る

　子どもたちの活動が軌道に乗っているときは，教師の介入は最小限にとどめます。活動中にあれこれ教師が口を出すと，活動が止まってしまうからです。また，活動がうまくいったら，ほめるというよりも，うまくいったことを喜んでください。「いや〜，楽しかったねえ！」と言葉よりも，態度で示します。喜ぶことはほめることよりも効果があります。また，うまくいかなかったら失敗を指摘するのではなく，うまくいったところを見つけ出して，そこを指摘してください。「ここは，うまくいかなかったけど，ここはみんなとっても楽しそうだったね」というように。

7 他の時間にも広げる

　望ましい雰囲気が見られてきたら，それを積極的に言語化してください。それは，教科学習や他の場面など様々なところです。「今日の国語は，みんなで問題を解決しようとしていたね」，「理科の準備，とっても協力していたね」などです。雰囲気をほめてもいいし，それに付随する行動を認めてもいいのです。学級が向かっている方向に教師が関心を示します。子どもたちは，教師が何を語るかではなく，何に関心を持って教室にいるかに注目しています。教師が何を見て，何を大事にしているかをかなり正確に見ています。

〈赤坂真二〉

第1章 「安心の雰囲気」をつくる学級ゲーム&ワーク

1 やまびこゲーム

■対象学年:全学年　■時間:5~10分　■準備物:なし

ねらい 友だちの思い出を聞き合い,安心感のある雰囲気をつくる

❀ ゲームの概要

「パン,パン」という2回手拍子に合わせて自分の意見を言い,それに続けてクラスの友だちが復唱するゲームです。長期休みのあと,子どもたちは自分の体験を話したい気持ちでいっぱいです。このゲームでは,自分の言った意見を友だちに復唱してもらえることにより,安心感を生み出します。

進め方

❶「『やまびこゲーム』をします」
❷「ルールを説明します。この休みの間の思い出を1つ話してください」
　「テーマは,『やったこと,食べたもの,行ったところ』です」
❸「1人が言ったら,そのあと手拍子を2回します。そして,言ったことを全員で繰り返して言います」
❹例を見せます。
❺「思い出1つ,決まりましたか? あとで誰が何を答えたのかクイズを出しますよ。では,やってみましょう」
❻ゲームをします。
❼クイズを出します。
　「○○くんが行ったところはどこ?」
　「山へ行ったと言っていた人は何人いるかな?」
❽特に取り上げたい子の意見をインタビュー形式で詳しく聞きます。

雰囲気づくりのポイント

- 何を言ったらいいか思い浮かばず，流れを止めてしまう子どもが想定されます。考えている段階で，あらかじめ「何を言うか，決められない人？」と聞いて，思い出を聞いてやり，「こんなことを言ったらいいよ」とヒントを出すようにします。可能であれば，隣の子と相談させます。それでも自分の番に止まってしまう子は，「最後なら言えるかな。みんなの答えを聞きながら考えておくんだよ」と最後の順番に変えてあげるようにします。低学年の場合は，紙に書いてから始めてもいいです。
- 「うみ」「やま」など短い言葉をつなげられると，テンポよくすすみます。
「おばあちゃんちで食べたスイカ」
「家族でディズニーランドのパレード見た」
など，長い文でもいいと伝えます。手拍子のリズムに間に合うよう，早口で言わなければなりません。聞き取るのは大変ですが，そういう意見が出ると，楽しい雰囲気になります。
- このゲームは，他にも個人のことを紹介するときに用いることができます。例えば，「自分のニックネームを決めてみよう」というときなどに使えます。時々ツッコミを交えながら，テンポよく進めると盛り上がります。他には，「自分の特技」「好きな食べ物」「大好きな場所」などというテーマを決めても楽しむことができます。

★ 評価のポイント

自分の意見を言い終わったあとは，ホッとしてしまいがちです。あとのクイズできちんと答えられる子を取り上げて，「人の意見をしっかり聞くことができているね。友だちを大切にしているね」とほめるようにし，他の子の考えにも意識を向けられるようにします。

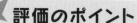 日常化のポイント

「このゲームをやってみて，気づいたことはあるかな」と子どもたちに尋ねると，「みんなの思い出が聞けて，おもしろかった」「自分のことを知ってもらえて嬉しかった」というような意見が返ってきます。「このように，他の人の話を聞き合い，認め合うということが，よい集団をつくるために欠かせないことです」とまとめます。以後，「聞き合うことができているね」と声かけを続けていきます。

〈三好真史〉

ふせんでポイントアップ

■対象学年：全学年　　■時間：45分〜全時間　　■準備物：ふせん

　「一生懸命になっても大丈夫」という安心感のある雰囲気をつくる

♣ゲームの概要

　いい返事やいい姿勢など，のぞましい行動ができたら1ポイントが加算されるというゲームです。「1ポイント！」と言われたらふせんに正の字を書き込みます。1日のはじめに開始して，1日の終わりに何ポイントためることができているかを競います。

進め方

❶「『ふせんでポイントアップ』というゲームをします」
❷ふせんを1人1枚ずつ配ります。
❸「机の右端にふせんをはりなさい」
❹「テーマは『返事』です。はっきりと大きな返事ができていたら1ポイントです。がんばってくださいね」
❺（子どもがハイッと答える）「おっ，○○君いい返事です。1ポイント。では授業を始めますので，教科書を用意してください」
❻（クラスの大半が大きく返事をする）「3班と5班，『ハイッ』と短くはっきりした声が出ていますね。1ポイント」
❼以下，授業の随所でポイントを与えていきます。
❽「（帰りの時間に）獲得したポイントを発表してください」
　「1〜10ポイントの人？　10〜20ポイントの人？　20〜30ポイントの人？　それ以上の人。すごい！　みなさん，よくがんばりましたね」

雰囲気づくりのポイント

- 新しい学級が始まったばかりだと,「目立ってしまったらどうしよう」という不安を抱く子がいます。このゲームは,がんばればがんばった分だけポイントがたまります。目で見える評価は,意欲を喚起するので,このゲームをしている間は,みんなが大きな声を出したり,いい姿勢を保とうとしたりします。そして,「がんばっても大丈夫なんだ」という安心感を感じることができるようになります。
- 自分が何ポイントまで獲得できるか挑戦します。ただし,他人との比較にならないように気をつけたいところです。「20ポイントまでたどり着けたらすごいね」などの声かけをすることにより,自分のがんばりに目を向けられるようにします。

 評価のポイント

　テーマは,「声」「姿勢」「返事」などが効果的です。授業中に行うことができて,すぐ評価できるものが適しています。

　ポイントの与え方は,次の3つの方法があります。
- 個人「○○君と○○さんに1ポイント!」
- グループ「○班に1ポイント!」「この列,1ポイント!」「今,返事をした人(挙手)? 1ポイント!」
- タッチ(音読をしながら,できている子の肩をさわっていく)
「いま先生にタッチされた人,手を挙げて。1ポイント!」

　終わりが近づいてきたら,ポイントをアップしても盛り上がります。
「出血大サービス! ここから何と,3ポイント!」

★ **日常化のポイント**

　「みなさん,はっきりした返事ができていましたね。やってみて,どうでしたか」と問うと「楽しかった!」「スッキリした」という声が返ってきます。

　「はっきりとした返事をすると,気持ちがスッキリするんだね。このような返事は,今日がんばるだけでいいのですか」と問いかけ,日常化を図ります。

　「一生懸命がんばるって気持ちがいいね」という言葉でしめくくり,安心感のある雰囲気をつくり出します。

〈三好真史〉

絵本 de お絵かき
「○年○組オリジナル絵本」

■対象学年：全学年　　■時間：25〜45分　　■準備物：絵本，ワークシート

ねらい　想像して描くことを楽しみ，安心して自己表現できるクラスの雰囲気をつくる

♣ ゲームの概要

　あなたのクラスにいませんか？　図工の時間，真っ白な紙をわたされて，「先生，何描いていいかわからない」と，どうしていいかわからずに手が止まってしまう子，「どうしたらいいですか？」と大人に正解を求めてくる子。

　自由に表現することの楽しさを知らない子どもたちは，教師や周りの顔色をうかがって文章や絵をかいたり，「上手に描きたい」気持ちにとらわれすぎて描き出せなかったりします。その描き出しの手助けに，絵本を読み，途中まで絵が描いてあるワークシートを配り，その続きを子どもたちが描いていくワークです。「このクラスで，安心して自己表現していいんだよ。正解不正解なんてなくて，どんなあなたの表現も受け止めるよ」というメッセージもこめて。

進め方

❶絵本を読みます（子どもたちと対話しながら読むとよい）。

❷半分絵が描いてあるワークシートを配ります（例『りんごかもしれない』なら，りんごの絵，『はんぶんタヌキ』なら顔のないたぬきなど）。

❸それぞれの絵を描きます（絵本なので，色まで綺麗に塗ると素敵。描けたら，どんどん新しい紙を取りに来させる。自信作1枚だけ手元に置いて，あとは提出させ，黒板や窓にどんどん掲示する）。

❹「みんなの絵本美術館」で鑑賞します（自分の机に置いて見てまわる。窓にはって鑑賞会をする）。

雰囲気づくりのポイント

　描けた子どもの作品をどんどんはりながら，教師が「おぉ～」「おもしろい」「よく考えたなぁ」「これは思いつかなかった！」と，プラスの言葉がけを与えていきます。子どもが新しいワークシートを取りに行きながら，はってある作品を見られるような動線にしておくことがポイントです。友だちの作品に触発されて，1つのシリーズができあがったり，掲示の際に「文房具りんごシリーズ！」と子どもの作品をつなげながらはっていくと，子ども同士のつながりづくりのきっかけにもなります。何よりも，教師が素直に驚いたりおもしろがったりしている姿を子どもは一番見ていると思います。

評価のポイント

　全員が1枚以上描けたら，机の上に自信作を置いてみんなで鑑賞。自然と笑い声や「おぉ～」という声があがります。人数が少なければ，一人一人発表してもいいですね。
　たくさん描いていたら，最後に「隣の席の子の作品の中で，いいなって思うものを1つ選んで，いいところを書いてあげて」とふせんで鑑賞交流をします。
●絵を描くのって，おもしろい！
●友だちに認めてもらえてうれしい！
という子どもの気持ちを価値付けていきます。

★日常化のポイント

　最後は，みんなの作品を絵本のように1冊にとじて，教室の本棚に並べます。教室にはいつも絵本とワークシート，作った絵本を子どもの手に取れる場所に置いておきます。自分が思いっきり描けて楽しかったから，友だちの作品も自然と認め合う雰囲気ができていきます。個人懇談の待ち合い席に置いておくと，手に取り笑顔で見てくださっている保護者の姿もありました。これはおまけですが，自分たちが絵を描いた本は取り合うように読んでいくので，どんどん本を読むようにもなります。

【おすすめの絵本】
ヨシタケシンスケ作『りんごかもしれない』ブロンズ新社　2013年
長新太作・絵『はんぶんタヌキ』こぐま社　1988年
きたむらさとし作『ミリーのすてきなぼうし』BL出版　2009年

〈上山菜海子〉

4 お手玉遊びいろいろ

■対象学年：2・3年生　■時間：10～30分　■準備物：お手玉人数分

「自分はここに居場所があって，がんばれる」と感じられるようにする

🍀 ゲームの概要

　少しずつ「自分」と「他者」に目覚めていく2・3年生。だからこそ，自分は自分だけど，仲間とつながって生きていくという心地よさを感じさせるために，お手玉遊びを使っています。まずは1人でチャレンジ。そのあとはみんなで大技。少しずつレベルアップさせながら，みんなで一人一人のがんばりを励ます雰囲気をつくっていきます。その心地よさが，「安心してこのクラスで自分の力を発揮できる」という思いにつながっていくように価値付けしていきます。

進め方

❶全員で輪になって立ちます。

❷教師を起点として順番にお手玉を渡していきます。手のひらを上にし「十五夜さんのもちつき」の歌に合わせリズムよくお手玉を隣の子の手のひらにのせてまわします。

❸全員に1つずつわたったら，右手のひらで投げ右手のひらでキャッチ，何回かしたあと，同じように左手でキャッチします。「せ〜の」のかけ声でいっせいにすると，全員で成功させようという一体感が生まれます。

❹「せ〜の」で右手のひらで投げ，右手のこうでキャッチします（左手でも行う）。

❺「あんたがたどこさ」の歌に合わせて，右手のひら→右手のこう→左手のこう→左手のひら→右手のひらの順でお手玉を投げていきます（図❶参照）。

❻全員同時に，右手のひらから隣の子の左手のひらへパス，左手のひらで右からくるお手玉をキャッチします。

[アレンジ]

　お手玉を頭に乗せておにごっこ！　お手玉が落ちたらアウトでその場にしゃがみます。おにのお手玉が落ちたら，そのとき逃げていた子たちの勝ちです（図❷参照）。

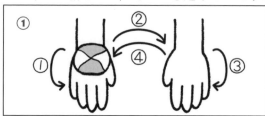

♥ 雰囲気づくりのポイント

　まずは輪になるときの雰囲気が大切です。新学期の一番はじめに子どもたちに自由に輪を作らせて様子を見ると，クラスのその時点での雰囲気がわかると思います。どれくらい時間がかかるか，男女に分かれるか，誰と誰が隣にいるか，をよく見ておきます。そのあと，順番にお手玉をまわしていくと，それだけで一体感が生まれます。なので，輪を作っているときには，いろいろ手や口を出したくもなりますが，ぐっと我慢して，見守ることがポイントです。

　はじめは個人の技になるので，安心して失敗することができます。ここが1つポイントです。はじめからうまくできている子をピックアップするよりも，失敗していたけれど，できた子の成功の瞬間をおさえて価値付けする言葉をかけていきます。失敗してもOK！　がんばる子を応援する雰囲気をつくっていきます。

★ 評価のポイント

「気づいたこと，嬉しかったことはある？」と問いかけ，
- 失敗しても何度もチャレンジする姿
- がんばっている友だちを応援し，失敗を責めないこと
- すっと輪になれる心地よさ

に価値付けをしていきます。

★ 日常化のポイント

　初めてお手玉に触れたあとに「初めてのことは失敗するかもしれないし，ドキドキするね。でも大事なのは，その失敗をフォローし合える仲間の声かけだよ。その雰囲気があれば，小さなドキドキくらい乗り越えられるから」という語りを入れておきます。

　新しい学年・新しいクラスでは，初めてのことだらけです。「どんな初めてが待っていると思う？」と子どもたちに問いかけます。「その一つ一つにあるドキドキを乗り越えて，挑戦した先の楽しさを，みんなで味わえる仲間になりたいね」とまとめます。

〈上山菜海子〉

5 拍手で3・3・7拍子

■対象学年：全学年　　■時間：1〜3分　　■準備物：ボールなど

ねらい 拍手と笑いで，クラスにあたたかい雰囲気をつくる

♣ ゲームの概要

　身近にあるボールや消しゴムを使って，すぐに始めることができるゲームです。ルールは簡単。進行役がボールを宙に浮かせている間，子どもたちが拍手をする。これだけです。上げるボールの高さを変化させたり，進行役がボールを右手・左手と交互にボールを投げることで，3・3・7拍子などのリズムをつくることができます。そして，リズムをつくったところでフェイントを入れることで失敗が生まれ，みんなが笑顔になり，教室に拍手のあたたかい雰囲気が生まれます。

　また，子どもたちは，繰り返しすることで進行役に注目する習慣も養われます。ボールを上げるだけなので，進行役が教師だけでなく子どももできるゲームです。

進め方

❶「先生がボールを上げている間，みんなは拍手をします。ルールはこれだけです。簡単ですね」
❷「では，やってみましょう。せ〜の」「パチパチパチ」（浮いている間拍手する）
❸「おお！　上手です。では，次に音をさっきの半分でやります。せ〜の」「パチパチ」
❹「やるね。では，さっきの音の3倍の大きさで」「パチパチパチ」
❺「その調子。では，その大きさでいきますよ」
❻「ボールを高く上げる『パチ…パチ』，短く上げる『パチ』などとするよ」
❼ボールを右手から左手へ「パチ」「パチ」「パチ」と3・3・7拍子のリズムで行い，7の最後の拍子で上げるフリをします。「パッ…」「引っかかったね！」

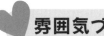 雰囲気づくりのポイント

- 拍手の練習をするときに，あえて小さい拍手をすることで，そのあとの音が必ず大きくなるので，小さい音を入れると効果的です。
- 教師がよそ見をしながらのフェイントや，「UFO！」などと違うところを指差している間にボールを小さく上げるフェイントをします。そのときに上手に拍手できた子どもを「よく見ているね〜。すごい！」「君たちは，注目の天才ですね！」とほめてあげると，子どもたちは教師を凝視するようになります。
- 教師が後ろ向きに立って，ボールを隠してジェスチャーのみで浮いているかどうかの判断をさせたり，ボールが頭の上から出たときに拍手するなどの別ルールを設定してもおもしろいです。
- 「3・3・7拍子」や「拍手〜パン・パ・パ・パン（「笑っていいとも」の決めポーズ）」などを入れると，フェイントを入れやすくより楽しんでゲームを行えます。
- 失敗をしたときは，その子どもを責めずに，進行役のフリが上手であったことを笑顔で伝えると，教室の雰囲気が明るくなります。

 評価のポイント

　しっかりと進行役を注目しているかどうかを見ます。「タイミングよく拍手できる人はどんな人だと思いますか？」などと質問をすると，より意識的に進行役を注目することを価値付けできます。

★ 日常化のポイント

　短時間ででき，必要な準備物も少ないゲームであるため，朝のちょっとした時間で行えます。また子どもが進行役になることができるので，日ごとに進行役を交代などして繰り返すことで，フェイントが上手になったり，「2人グループで打ち合わせしてもいい？」や「2つの色違いのボールを用意して，拍手をする方・しない方にしたい」といった独自にルールをつくる子どもも出てきたりします。ゲームを通して子どもたちがお互いに相手を注目して反応する大切さ，失敗してもどんどんチャレンジする楽しさを学ぶことができます。

〈野口　亮〉

 思い出ダウト

■対象学年：2年生以上　■時間：5〜45分　■準備物：ホワイトボード

 ウソの思い出を紹介し，クラスの雰囲気を明るくする

ゲームの概要

長期休みで子どもたちはいろいろな思い出をつくってきます。班のメンバーで前に出て，その思い出を一人一人紹介します。ですが，1人の子は全くのウソをつきます。それが誰かを残りの班のメンバーで相談し当てるゲームです。長期休み明けは，久しぶりに会うために少しよそよそしくなるときがありますが，ゲームを通してお互いの思い出を話したり聞いたりすることで，そこに笑いや協力が生まれクラスの雰囲気が明るくなります。また，発表者は，「いつ，どこで，誰と」などの発表練習に，解答者は，友だちの話を聞き相談する力もついていきます。

進め方

❶長期休みの思い出を班の中で発表し合います（一人一人紙に書かせても OK）。
❷班で相談して，ウソをつく人を1人決め，ウソの思い出をみんなで考えます。
❸1班全員が教室の前に出て，1人目の子から順番に思い出を発表します。
❹全員が発表し終わったら，1班以外の班は相談して，質問を1つだけし，1班の子はその質問に答えます。
❺全ての班の質問が終わったら，誰がウソをついているのかを班で相談し，ホワイトボードに答えを書きます。
❻教師の「ダウトはだ〜れ？」の合図に合わせて，一斉にホワイトボードを上げ，正解を発表します。出題班を交代して，❷〜❻を繰り返します。

雰囲気づくりのポイント

- 最初に教師が長期休みの思い出を3つほど紹介し，そのうち1つにウソを入れましょう。できるだけ大きいウソをつくと子どもたちが「うそだ〜」とツッコんで盛り上がります。
- 発表が苦手な子への配慮として，「いつ・どこで・誰と・何をした・どう思った」などの発表の仕方を事前に提示をしておくと，型にはめるだけでも発表できるのでおすすめです。
- みんなで相談してウソのエピソードをつくるときは，全く新しいエピソードにするように助言しましょう。中には，エピソードの一部（例えば「ディズニーランド」を「ディズニーシー」）だけを言い換える班があったりするので，教師が入ってコメントしてあげるとうまくいきます。

評価のポイント

班で協力できているかどうかを見ます。よくあることとして，ウソのエピソードを考える際に，メンバー内で発言力がある子だけで話し合いが進んでしまうことがあります。そのため，最初にこのゲームの趣旨をきちんと説明しておくといいと思います。「みんなの思い出を知って，より仲良しのクラスになるためにする」や，「仲間と協力できる人になるためにする」ことなどを事前に伝えると，子どもたちもしっかりと意味を持ってゲームに取り組めます。

日常化のポイント

毎回の長期休み明けにゲームができることはもちろんのことですが，1学期の4・5月頃でクラスが徐々に慣れてきたときに，自分のエピソードを語る自己紹介としても使えます。

好きな食べ物や得意なスポーツ，また苦手なものなどは一人一人理由やエピソードがあるので，その内容を表現し共有することでより安心感のあるクラスが生まれます。

【参考文献】
中村健一編著『思いっきり笑える爆笑クラスの作り方12カ月』黎明書房　2010年

〈野口　亮〉

7 リズムで遊ぼう「リズムフォー♪」

■対象学年：4年生以上　■時間：10〜20分　■準備物：なし

失敗してもOK！　拍子と笑い声でクラスの雰囲気や人間関係をあたためる

🍀 ゲームの概要

決められた言葉をリズムよく言うリズムゲームという遊びです。「みのりかリズム4」とも言い，テレビでも紹介されていました。独特のリズムとテンポに子どもたちは大喜び。それぞれが決めた呼び名を呼び合うことでさらにあたたかい雰囲気や人間関係が生まれます。

進め方

❶始める前に，それぞれの「呼び名」2文字の確認をし，親を1人決めます。

❷手を使って全員でリズムを取ります。
「リズムは4拍子で，1拍目はひざをパン，2拍目は手拍子ポン，3拍目は右手をギュッ，4拍目は左手をギュッ」

❸ゲームのスタートとなるかけ声，「〇〇（親の名前），から，はじ，まる，リズ，ムに，合わ，せて（8拍）」を全員で言います。

❹全員がこのリズムに慣れてきたら，ゲーム開始です。親は他の誰かを呼びます。呼び方は，3拍目に他の友だちの呼び名，4拍目に1から4の数字を指定します。

❺呼ばれた人は4拍目に乗せて自分の名前を指示された回数唱えます。
例えば，「（休符），（休符），なべ，1」→「（休符），（休符），（休符），なべ」
「（休符），（休符），なべ，4」→「なべ，なべ，なべ，なべ」

❻呼ばれた人が，自分の呼び名と回数をリズムに合わせて間違えずに言えると，その人が親になります。あとは，❹〜❻を繰り返します。

①1拍目はひざをパン　②2拍目は手拍子ポン　③3拍目は右手をギュッ　④4拍目は左手をギュッ

雰囲気づくりのポイント

- ルール（やり方）がわかっていないと楽しめるものも楽しめません。最初はリズムを取ることが難しいと思うので，教師が前で見本を示し，それを見て徐々にマネをさせることで，子どもたちはすぐにゲームに入っていくことができます。
- 子どもたちがゲームに慣れるまでは，教師も一緒に参加をします。失敗してもOK！ みんなで笑い合える雰囲気をこちらからつくってあげましょう。
- 追加ルールを与えると，さらに大盛り上がりします。

[チェケルール]

4拍目で「チェケ」を指定されたら，呼ばれた人は「YO，チェケ，ラッ，チョウ」と言わなければなりません。

「（休符），（休符），なべ，チェケ」→「YO，チェケ，ラッ，チョウ」

[うー1ルール]

指定された数字が1のとき，呼ばれた人だけでなく全員が，3拍目に「うー」，4拍目に呼ばれた人の呼び名を言わなければなりません。

[猪木ルール]

3，4拍目で「ボンバイ，エ」と指定されたら，全員が「1，2，3，ダー」と言わなければなりません。親はそのままです。

評価のポイント

はじめは，知っている子や理解の早い子たちだけが楽しく盛り上がり，他の子たちが手持ち無沙汰になることがあります。そんなときは「全員が楽しむためには？」ということを意識させると，子ども一人一人の声かけや動きが変わってきます。その変化を見極め，全体に共有していきます。それぞれのがんばりやよさを，子ども同士で交流させるのもいいでしょう。

★ 日常化のポイント

このゲームは男女の力の差もあまり出ないので，色々なグループ（班，座席列，係や当番など）に分かれて遊んでいる姿をよく目にします。こうした活動を繰り返すことでクラスが群れから，1つの集団になっていくことが期待できます。

子どもにとってリズムや拍子の感覚は，音楽の授業を除いて，日常の生活ではなかなか身に付けることができません。こうしたリズムゲームを通して楽しみながら，育んでいきたいものです。

〈鍋田宏祐〉

8 人間間違いさがし

対象学年：全学年　　時間：10〜20分　　準備物：なし

ねらい 集中力を高め，友だちのちょっとした変化に気づく目を育てる

ゲームの概要

　よくある２つの絵を見比べて，間違いをさがす「間違いさがし」を実際に自分たちでやってみるという簡単で，大いに盛り上がるゲームです。個人やグループでどう変化させるか作戦を考える中で自然と対話が生まれ，それをしっかり見てもらえる友だちの存在に気づき，自分が考えた変化に面白おかしく反応してもらえる嬉しさや喜びも得られます。

進め方

❶代表者１人を出します。それ以外の人（観察者）はその人（代表者）を30秒間観察します。30秒たったらその人は教室から出ていきます。
　「それでは30秒間〇〇君のことを上から下まで，じっくり観察しましょう。次に教室に入って来るときには何かが変化しています。見つけることができるかな？」

❷代表者は教室を出て，自分の何かを１つだけ変えます。これが観察するポイントになります。変え終わったら教室に戻り，観察者は何が変わったのかを考え，当てます。このときの注意は，何を変えていいかを明確にしておくことです。変えていいのは，目で見て変化が観察できるものに限ります。
　「すごいなあ。〇〇君の変化に気づくことができましたね。みんな間違いさがし名人だね」

❸間違いを見つけ終わったら，次の代表者を募ります。

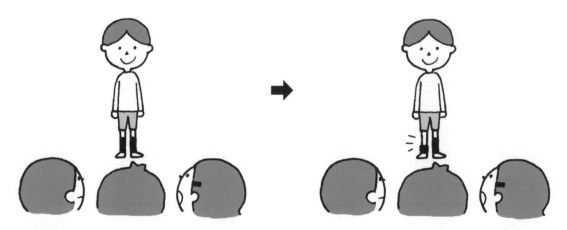

雰囲気づくりのポイント

- まずは教師がやってみます。シャツの襟を立てたり，メガネを反対にかけたり，ボタンをちぐはぐにしたり，靴下を片方だけ脱いだりと，バリエーションは様々です。変化が大きくわかりやすい方が子どもたちは大喜びします。これが，次に自分たちでやる子どもたちへの参考になります。
- はじめは全体から１人の代表者を選んでやるのがいいと思いますが，これもやりながら変えていくのもおもしろいかもしれません。例えば，ペアやグループで作戦を立てるなどすると，自然と対話が生まれ，あたたかい雰囲気が生まれます。

評価のポイント

子どもたちは本当に楽しそうに活動をします。ただ，それだけで終わってしまうのでなく，終わったあとに「誰かを観察するのってどんな感じ？」「観察されるのってどんな感じ？」「変えたところをどうやって見つけたの？」「うまく見つけるために大切なことって何だろう？」とふり返りをするだけで，普段の生活の中でも，友だちをしっかり見て，ちょっとした変化に気づくようになります。私のクラスでもこの活動をしたことで，「〇〇君，髪の毛切ったんだね！」「〇〇ちゃんは落ちているゴミをそっと拾ってくれていたよ！」と友だちの変化や行動に気づき，あたたかい言葉かけができる子が増えたように思います。そんなときにこそ，教師がその行為を評価して，全体に共有することで，当たり前にそれができる子どもになります。

日常化のポイント

　ゲームとしてやらなくても，例えば，休み時間の終わりで教室に戻るときにシャツを変えたり，時計を左右逆にしたりと，子どもたちの不意をつくのもおもしろいです。そこに気づいた子どもがいたら，「すごいなぁ，ちゃんと先生のこと見てくれてるんだね！」と大げさにほめると，また先生は何かやってくるんじゃないかと子どもたちは燃えます。そう思わせておいて，今度はある子どもに仕込んでおいて，「さっきの時間と何か変わっている友だちに気づいた人？」というのもありですね。何事もしかけが大切です。他にも，席替えのあとに新しい班で作戦を立てさせ，班対抗戦という形でやるのも盛り上がること間違いなしです。

〈鍋田宏祐〉

9 ハイ！ ハイ！

対象学年：全学年　　時間：5〜15分　　準備物：なし

ねらい　失敗しても，笑って，楽しめる雰囲気をつくる

ゲームの概要

　進行役が言ったことが，お題にそっているかどうかを瞬時に判断して，正しければ手を叩きながら，大きな声で「ハイ！　ハイ！」と言い，正しくなければ反応しない。という誰でも参加できる簡単なゲームです。そして，誰でも失敗する可能性があり，失敗しても，短時間で何回もチャレンジできるため，失敗へのハードルがぐぐっと下がります。何回も繰り返していくと，失敗することが楽しくなり，笑い合って次のチャレンジに向かえる雰囲気ができてきます。また，お題を工夫すれば，様々な場面で応用できるため，汎用性が高いゲームです。

進め方

1. 「魚屋さんで売っているものを想像してみましょう」
2. 「今から先生が，魚の名前を言います。それが，魚屋さんで売っているものだったら，大きな声で『ハイ！　ハイ！』と言いながら手を叩きます。売っていないものだったら，反応してはいけません」
3. 「はじめは，『くださいな！』から始まります。先生が『くださいな！』と言ったら，『ハイ！　ハイ！』と手を叩きましょうね」
4. 「くださいな！」「ハイハイ」（小さい声）
5. 「何だか，元気のない魚屋さんですねえ。これじゃあ，魚が売れないよ。大きな声でいこう！」
6. （さっきより大きい声で）「くださいな！」「ハイ！　ハイ！」（大きい声）
7. 「いいですねえ。では，本番です。『くださいな！』」「ハイ！　ハイ！」
8. 「まぐろ！」「ハイ！　ハイ！」「はまち！」「ハイ！　ハイ！」「いわし！」「ハイ！　ハイ！」
9. 「メダカ！」「ハ…」「アハハ！　メダカは売ってませんよ〜。では，もう1回！」

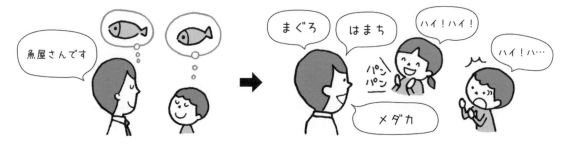

雰囲気づくりのポイント

- はじめに，大きな声で「ハイ！ ハイ！」と言えるように練習して，場をあたためておくと，ゲームを雰囲気よく進行しやすいです。ただし，「声が小さい！」と強く迫らないことも大切です。
- 正しくない答えを言ったあとに，正しくない答えに軽いツッコミを入れて，笑い合って，再チャレンジします。「失敗した人に」ではなく「正しくない答えに」ツッコミが大きなポイントです。
- 同じお題を3～4回すると，お題に慣れてきて，引っかからなくなってきます。そこでお題をどんどん変えていくと，長い時間楽しめます。
- 少ない回数で終わると残念な気持ちになるだけで終わる子が出てしまうので，何回もチャレンジできるように，複数回します。

評価のポイント

「できた」「失敗した」にこだわることなく，次々にゲームを展開していきます。

初めてのゲームのときに，「失敗しても，笑い合って，再チャレンジできると楽しいよね」と価値付けしておき，「これから，失敗しても，笑い合って，どんどんチャレンジできるクラスになれるといいですね」と願いを語れば，子どもたちの失敗へのハードルがぐぐっと下がります。

また，「失敗したときに『なんで失敗するの！！』と責められたら，再チャレンジしようと思いますか？」と問いかけ，失敗したときのフォローの仕方を考えるきっかけにすることもできます。

★ 日常化のポイント

魚屋さん，八百屋さん，電気屋さんなどの売っているものシリーズでゲームに慣れたら，かけ声をアレンジして，ゲームの幅を広げることができます。かけ声とお題の工夫次第でいつでも行うことができます。何回もこのゲームを繰り返して行うことで，失敗しても笑って再チャレンジできる楽しさを，子どもたちは体験的に学んでいくことができます。

[アレンジ]

「しましたか？」「ハイ！ ハイ！」に変えて，遠足や社会見学の内容をお題にします。

「あってるかい？」「ハイ！ ハイ！」に変えて，社会の授業で○○時代，○○地方をお題にしたり，国語で登場人物をお題にしたり，配った手紙の内容をお題にしたり，朝礼での校長先生のお話をお題にしたりします。

【参考文献】
鈴木翼著『鈴木翼のちょこっとあそび大集合！―現場ウケ実証済み‼』ひかりのくに　2010年

〈橋本　貴〉

10 日替わりじゃんけん

■対象学年：全学年　■時間：5〜10分　■準備物：くじ

ねらい　負けても，笑って，楽しめる雰囲気をつくる

🍀 ゲームの概要

　誰でもできて，勝ったり負けたりできるじゃんけんに，少し工夫を加えて，日替わりで毎日飽きずに続けられるようにします。

進め方

朝の会で日直が，じゃんけんくじ引きをし，そこに書いてあるじゃんけんを全員でします。

[後出しじゃんけん]

　じゃんけんポン，ポンのリズムで後出しをします。あとから出す人が，「勝つ」「あいこ」「負ける」と条件を変えていきます。すると，負けなければならないのに勝ってしまうといったエラーが起こり，笑いが起こります。

[計算じゃんけん]

　グー・チョキ・パーではなく，1〜5の指を「せ〜の」で出して，お互いに出した指の数を足したり，引いたりして対決します。足し算，引き算，かけ算，割り算，両手で1〜10まで出せるようにする，3人でするといったアレンジができます。

[全力じゃんけん]

　全力で，力いっぱいじゃんけんをして，勝ったら本気で喜び，負けたら本気で悲しむ。はじめに，喜ぶ練習，悲しむ練習をしておくと盛り上がります。

[顔・足じゃんけん]

　はじめにどんな顔（足）がグー・チョキ・パーの代わりになるか決めておいて，顔（足）でじゃんけんをします。

雰囲気づくりのポイント

　はじめに時間を取って，全てのじゃんけんを体験しておくと流れがスムーズになります。また，慣れてきたら，子どもたちとアレンジして，くじに加えると楽しく続けることができます。
　全力じゃんけんや顔じゃんけんのように，エネルギーの発散が必要だったり，少し恥ずかしかったりするじゃんけんの場合は，教師が率先してオーバーリアクションでモデルをする必要があります。教師が先陣を切ることで，子どもたちが安心して自分を出すことができる雰囲気をつくることができます。
　勝っても負けても笑って終わるような雰囲気にすることが大切です。

評価のポイント

　クラスの状態に応じて，じゃんけんの種類を考える必要があります。
　例えば，子ども同士が打ち解けていない場合は，全力じゃんけんや顔じゃんけんをしても，自分を安心して出せないために盛り上がりにくいです。クラスに勝ち負けに強くこだわっている子がいる場合は，後出しじゃんけんや普通のじゃんけんを繰り返し行います。「勝っても負けても楽しい！」という体験を積み，勝ち負けへのハードルを下げていくと，様々なじゃんけんをしても大丈夫になってきます。
　いきなり，たくさんのじゃんけんを取り入れるのが難しいと思われる場合は，普通のじゃんけんのみから始めてみて，少しずつ増やしていくとよいです。

★日常化のポイント

　朝の会，帰りの会，授業のはじめなど，毎日，同じタイミングで，継続して行うことが日常化のポイントです。子どもたちは，次のチャンスがあるとわかっていることで，「今日負けても，明日もあるからがんばろう」と考えることができ，負けることへのハードルが下がり，負けても何度でも挑戦していく雰囲気につながっていきます。

[アレンジ]
- 空中じゃんけん…「じゃんけんポイ！」のタイミングでジャンプをして，じゃんけんをします。出したときに空中に浮かんでいないと負けになります。あいこが続くととても辛いです。
- 外国語じゃんけん…海外のじゃんけんをします。英語なら「ロック・シザーズ・ペーパー！　ワン！　ツー！　スリー！」のかけ声でじゃんけんをします。

【参考文献】
甲斐﨑博史著『クラス全員がひとつになる学級ゲーム＆アクティビティ100』ナツメ社　2013年

〈橋本　貴〉

11 手がかりクイズ

対象学年：全学年　　時間：2〜10分　　準備物：なし

ねらい 対話を通じてクラスに一体感を生む

ゲームの概要

「①使うと短くなっていきます。②ほとんどの教室にあります。③黒板に文字や絵をかけます」（答えはチョーク）など，答えを特定しにくいものから順に3つのヒントを出して，正解に導くクイズです。

ヒントの難易度を調節することで，出題者と回答者で対話したり，少人数で相談したりと，学級で話し合って進めることができます。そのため，クラスに一体感を生みやすいというよさがあります。

子どもたちが出題者になる場合は，辞書に出てくる説明を参考にするなど，言葉を吟味するようにもなります。

進め方

❶「手がかりクイズをします」
❷「今から，あるモノについてヒントを3つ出します。答えがわかったら，その場に立ちましょう」
❸「3つのヒントを全部聞いてから，一斉に自分の答えを言います」

[アレンジ]

　子どもたちにクイズを作らせるときは，イメージマップを使うと効果的です（低学年でも考えやすくなる）。

●用紙の真ん中に答えを書き，周りに答えの説明で連想されることを書きます。
●周りに書いた説明の中から3つ選び，どの順番で紹介するか考えます。

雰囲気づくりのポイント

- 出題するときは，教師が楽しみながら，場を盛り上げることです。「このヒントでみんなわかるんかなぁ〜」とじらしたり，「これ言ったらわかってしまいそうやなぁ」とあおったりします。また，ヒントの１つ目や２つ目でも，「現時点では答えは何だと思いますか。ペアで相談しましょう」など，参加を促します。
- 子どもたちが作成した問題を出題するときは，ヒントの出し方が上手だった子に拍手したり，ほめたりします。「おお〜っ！　すごい！」という雰囲気を，教師がつくり出します。良問は子どもたちのモデルにもなり，出題意欲もわきます。

評価のポイント

　手がかりクイズをするときは，子どもたちが相手意識を持っているかどうかを見ます。例えば，答えをペアやグループで相談するときに協力的であるか。問題を作成するときは「このヒントならどれくらいの友だちがわかってくれるかな」と，相手の視点に立ったヒントになっているかどうか，などです。難易度の異なるヒントを使ってクイズを作成することで，このように「友だちと楽しもうとする気持ち」を育んでいくことができます。

★ 日常化のポイント

　４月の自己紹介でも使えます。自分の名前とヒントを書いてもらったものを回収し，教師が読み上げます。答えを発表するときは，本人に立ってもらうなどの工夫をすると，場が和みます。授業のはじめに２〜３人ずつクイズをし，翌日の学級通信に紹介したヒントと教師からのメッセージを掲載すると，とても喜ばれました。
　自己紹介以外でも，国語の教科書に出てくる作者や，社会科の歴史上の人物などでも手がかりクイズが作れます。「大事なことを３つに絞って伝える」という観点を持たせると，各教科で扱うキーワードを３つのヒントでまとめる力をつけることもできます。

【参考文献】
森川正樹編『どの子も必ず書けるようにする国語授業の勘所―「つまずき」と「ジャンル」に合わせた指導』明治図書出版　2010年

〈江口浩平〉

12 つながりビンゴ

☐ 対象学年：全学年　　☐ 時間：15～45分　　☐ 準備物：ワークシート

ねらい　友だちへの質問を通じてつながり合う

ゲームの概要

「ラーメンかカレーならカレーを選ぶ」「ドッジボールでは当てるのが得意」といった項目を友だちと尋ね合って行うビンゴです。友だちに聞きに行くことでビンゴの枠を埋めることができるので，楽しみながら友だちとのつながりを築くことができます。

最初は教師が項目を考える必要がありますが，学年や子どもたちの実態に応じて項目の数を増やしたり，内容を子どもたちが考えたりすることで，バリエーションも広がります。

進め方

❶「つながりビンゴというゲームをします」（右のようなワークシートを配布する）

❷「ルールを説明します。ビンゴのマスに質問が書いてあるので，当てはまると思う人のところへ行き，質問をします」

❸「当てはまっていたらその項目に名前を書いてもらいます。1人につき書いてもらえるマスは1つですが，当てはまらなかった場合は違う質問をしてもいいです」

❹「制限時間内に1つでも多くビンゴを作れるように，質問をしましょう。ただし，列には必ず男女が混じるようにしましょう。男女が混じっていないとビンゴにはなりません」

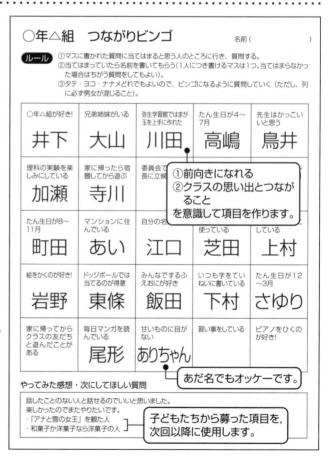

雰囲気づくりのポイント

- 教師もワークシートを持って参加します。最初は、1人になってしまう子どもが出ないように、かかわりに行くようにします。
- 「誰かここ書いて〜」と周囲にかかわりを求めたり、「〇〇さんが書いてくれた〜」など友だちをすすめたりしている子どもをメモしておきます。ふり返りのときに、その子どもたちを紹介し、つながりを大切にしているということを伝えます。
- ゲームが終わったら、いくつビンゴできたか聞いたり、特定の項目に名前を書いた子に挙手してもらったりします（「先生はかっこいいと思う」の項目などでやると盛り上がります）。

「楽しいな」「もっと時間がほしいな」と思っている間に終わるようにします。そのことにより、次回への意欲を高めます。

 評価のポイント

活動中にメモをしておいた子どもたちの名前を挙げ、「どうして先生はこの人たちをいいなと思ったのでしょう」と問いかけます。
- 友だちに積極的にかかわりにいく姿勢
- 友だち同士をつないでいく姿勢

これらがクラスの雰囲気をあたたかくしていくということに価値を見出せるようにします。

日常化のポイント

項目を歴史上の人物にまつわる問題に変えたり(答えられたらサインしてもらう)、漢字クイズにしたりすることで、どの教科でもビンゴで交流を楽しむことができます。

できるなら、最後にビンゴを回収して、学級通信で項目とそこに書いた子どもの名前を載せます。楽しかった雰囲気をもう一度味わえるとともに、クラスへの所属感・自己肯定感を高めることができます。

〈江口浩平〉

今日のおみくじ

対象学年：全学年　　時間：5分　　準備物：割り箸，筒

ねらい　継続的なかかわり合いを通して，安心して他者とかかわる雰囲気をつくる

ゲームの概要

おみくじのように筒型の箱（お菓子などが入っていた細長い筒など）の中から数字が書かれた割り箸を引きます。そして，数字に対応した用紙に書かれている活動を全員で行います。ちょっとした時間で，他者とかかわる楽しさを味わうことができる活動です。

進め方

最初の数日間は，1時間目の前のウォーミングアップとして「黒板に向かってヨッシャーと叫ぶ」「教室から校庭に向かってヤッホーと叫ぶ」といった全員で声を出す活動を行います。全員で一緒に声を出すことによって，ちょっとした開放感や一体感，何か楽しいという気持ちを味わうことができると思います。そのあと，子どもたちの気持ちが少しずつほぐれてきた段階で「3人の人に好きな食べ物を聞く」「3人の人とじゃんけんをする」といったかかわり合う活動を行います。学級の実態によっては最初からかかわり合う活動から始めるのも可能です。

❶日直が「今日のおみくじ」と言ったら，全員で「今日のおみくじ」と復唱します。
❷日直は円柱の箱から番号が書かれた割り箸を引き，割り箸に書かれた番号を言います。
❸割り箸の番号に対応した用紙（活動内容）を黒板にはり，全員で活動内容を言います。
❹教師は，この時間で大切にしてほしいこと（めあて）を提示します。
❺活動に入ります。活動内容に予め「3分間でたくさんの人と〇〇」や「3人の人と〇〇」などと設定しておきます。相手が変わるときはハイタッチをして次の相手を探します。
❻活動のふり返りをします。今日のめあてなどにそって肯定的な言葉を返していきます。
（「声を出す活動」では❶～❸，「かかわり合う活動」では❶～❻を行う）

今日のおみくじ

雰囲気づくりのポイント

- 日直が割り箸を引くときに「さあ，何が出るかな」と教師がテンションを上げて，子どもたちと一緒に活動を盛り上げます。
- かかわる活動では，「イェーイ！」と言いながらハイタッチをして，次の相手をさがします。まだハイタッチに慣れない場合は，「じゃあねえ」と言いながら手を振るなどがあります。

評価のポイント

　活動は基本的に「活動のめあての提示→活動→活動のふり返り」をセットにして行います。互いが安心してかかわるためには「かかわりのルール」が必要です。ただ何となくかかわらせるのではなく，学級の実態に応じて意図的に「相手の目を見て話そう」「頷きながら聞こう」などといった活動のめあてを提示（スケッチブックに記入）して，活動後にふり返りを行います。ふり返りでは，提示しためあてを中心に，活動中に見られた個と全体のよさを称賛します。

　もちろん，活動中の教師の言葉かけも大切なポイントです。例えば，教師が活動中の子どもの活動を見取り「〇〇さんを見てごらん」と全体の前で個を称賛します。すると何人かの子どもは〇〇さんの行動をまねします。そこで「〇〇さんの行動をすぐにまねる△△さんも素晴らしい」と他の子どもも称賛します。周りを巻き込むことで，適切な行動が増えていきます。

日常化のポイント

- 活動を導入する際に，「何のためにこの活動をするのか」「この活動を続けていくとこんなにいいことがある」といった活動の目的や価値を子どもたちに伝えることが大切です。毎日ただ活動するのと，目的を持って活動するのとでは教師の働きかけ方や子どもたちの活動（互いのかかわりの様子など）が変わってきます。
- 活動に慣れてきたら，今度は子どもたちが考えた内容で活動します。活動の目的を再確認してから考えさせます。内容が教育的に問題ないかどうかをチェックします。
- 毎日活動を行うとマンネリ化という課題に直面します。活動の目的を外さず，学級の実態に応じて活動にアレンジを加えて活動を展開するのも方法の1つです。
- 日常化を図るために，朝の会の中に組み込みます（もし不可能なときは曜日を設定）。継続的な取り組みが後々の子どもたちの力になります。「今日はやったけど昨日はやらなかった」ということを減らすためにも，活動を1日の学校生活の中に位置付けます。

【参考文献】
第28回東北小学校特別活動研究協議大会宮城大会・第37回宮城県小学校特別活動研究協議大会「パワーアップ講座資料集」2011年

〈髙橋克博〉

14 あいこでハイタッチ

■対象学年：全学年　■時間：10～15分　■準備物：なし

ねらい みんなと課題に取り組むことの大切さと楽しさを体験する

ゲームの概要

　教室内を歩き回りながら，いろいろな人と2人組を作り，じゃんけんをして，あいこになったら相手とハイタッチをします。3人とハイタッチをした人から席に座ります。全員が席に座ったらクリアです。

　新学期が始まって間もない頃には，じゃんけんの前に自分の名前を言ったり，好きな食べ物を言ったりするなど一言自己紹介を入れるなどの工夫も考えられます。また，ある程度クラスがまとまってきたら，必ず1回は男女でハイタッチをしたり，全員が座るまでのタイムを計り，そのタイムを短くするために作戦を立てたりと，クラスの状況や目的に応じた＋αのルールや課題を加えやすいゲームです。

進め方

❶「これから『あいこでハイタッチ』というゲームを始めます」
❷「スタートの合図をしたら，みなさんは教室内を歩き回って2人組を作ってください」
❸「2人組を作ったら，必ず『お願いします』を言ってからじゃんけんをします」
❹「今回のじゃんけんでは勝ち負けは決めません。じゃんけんをしてあいこになったら2人の思いが重なったということで相手とハイタッチをしてください」
❺「じゃんけんが終わったら『ありがとうございました』と言い別の人と2人組を作ります」
❻「いろいろな人とじゃんけんをして3人とハイタッチをしたら，自分の席に座ってください。座ったら終わりではなく，座っている人もまだ立っている人とじゃんけんをして，全員が3回ハイタッチして座れることができるように協力してください。それでは始めます」

雰囲気づくりのポイント

- はじめは，男女間でのじゃんけんが見られなかったり，じゃんけんをする人が固定されたりするかもしれません。しかし課題を達成したら，まず全員がゲームに参加し，課題に取り組み，達成したことを大いにほめます。
- ゲームの中で「自分からいろんな人をじゃんけんに誘った」「積極的に男女でじゃんけんをしていた」「楽しそうにハイタッチをして教室を楽しい雰囲気にしてくれた」などクラスにまとまりやよい影響を与えてくれた子どもを全体でほめます。
- 課題をクリアしたら「どうして成功したのか」「どう感じたのか」というふり返りをすることで，このゲームのねらいや価値を気づかせます。
- 課題を達成してもねらいが伝わっていない子には「〇〇さんが1人でいたよね」と具体的な場面を紹介し，「どうしたらみんなで協力して気持ちよく達成できるかな」と考えさせます。
- クラスをよりよい雰囲気にするために，ゲームの中でクラスの課題を見つけ「もっとこうすればよいクラスになる」という思いを持ってルールや課題を加えても楽しいです。

評価のポイント

この活動のねらいは「みんなと課題に取り組むことの大切さと楽しさを体験する」ことですが，教師の願いやクラスの課題によってねらいも変わってもよいと思います。そのときは，このゲームを通してクラスがどうなってほしいかという目的を自分の中に強く持ち，そのねらいに貢献するような子どもの行動や言動を全員の前で積極的に評価します。そうすることで，子どもたちの中にルールや価値が生まれ，クラスをよりよい雰囲気にしようとする活気が出てきます。

日常化のポイント

このゲーム1回の活動では，伝えたいねらいの価値が子どもにすぐに伝わらないかもしれません。価値を日常につなげるために，予めこのゲームを通してどうなってほしいかを考えます。そしてゲームの中でそのねらいに触れるようなルールを設定し，体験的に触れることができるようにするのが望ましいです。そのねらいをゲームの中だけでなく，ふり返りを行ったり，日常の様々な体験と合わせて価値を伝えたりすることが大切です。

例「男女で仲良くする」（ねらい）→「『必ず1回は男女でハイタッチをする』を加える」（ルール）→「じゃんけんであいこになったときに男女がハイタッチするみたいに，1つのことで男女みんなで一緒に喜べるクラスだと安心できるよね」（価値）

〈高橋　宇〉

15 ビートでパン

■対象学年：３年生以上　■時間：５〜10分　■準備物：なし

ねらい 仲間との交流や協力を通して安心できる雰囲気をつくる

ゲームの概要

リズムよく手を叩き，相手と息を合わせることが求められるゲームです。自分の前で手を叩いて，相手とハイタッチをします。自分の前で手を叩く回数が１・２・３…と変わるのでタイミングが難しいです。成功体験によって子どもたちに達成感を味わわせることもできます。より早い成功を目指してチャレンジさせることも可能です。

進め方

❶「『ビートでパン』というゲームをします。２人組を作って向かい合ってください」
❷「まず自分で１回手を叩いたら相手の人とハイタッチ，次は２回手を叩いたら相手とハイタッチ，その次は３回手を叩いたらハイタッチというように増えていきます」
❸「自分の前で叩く数をどんどんと増やしていって５回までいったら今度は叩く数を少なくしていきます」
❹「相手とのハイタッチはいつも１回です」
❺「自分で手を叩く数は１・２・３・４・５・４・３・２・１となります」
❻「叩く回数に合わせて『１（パン）』，『１, ２（パン）』と声を出すとやりやすいですよ」

[アレンジ]

　２人組でできるようになったら４人・８人と増やしていくこともできます。その際には向かいの人ではなく隣の人とハイタッチをするようにします。何人でも増やせるので最終的にはクラス全員での成功を目指してもよいでしょう。また，相手とハイタッチする回数を変えてもタイミングが変わり，おもしろいです。

雰囲気づくりのポイント

- 言葉による説明だけでは理解するのが難しいため，実演して見せる方がよいでしょう。説明をする際に，教師がテンションを上げて行うことで子どもも元気に活動するようになります。特に成功のハイタッチは「イェーイ！！」と大きな声で行うとよいでしょう。
- なかなか成功できないペアもいるかもしれませんが，「1・2・3…」と声を出しながら活動させたり，教師の声に合わせて全体で練習させたりすることでタイミングをつかむようになります。
- 成功できないペアを周りの子が応援したり，一緒に声を出したりすることで学級の一体感が生まれ，より達成感や安心感が高まります。

評価のポイント

成功したペアやグループに「コツ」を聞くようにします。そうすることで自分たちの成功体験をふり返り，また発信させる練習にもなります。子どもたちから「相手の目を見てやった」「声をそろえてやるようにした」という言葉が出てきたら，教師から，

- 相手の動きをよく見て合わせようとしたこと
- 成功するために自分に何ができるか考えたこと

といった子どもたちのできることを考えたことを認め，価値付けていきます。

日常化のポイント

一度の活動で終わらせず，日々ペアを変えて行うことで学級内での交流も促進させることができます。普段あまりかかわりがない子とのチャレンジを通して，たくさんの人と活動することの大切さ，よさを考えさせ日常場面での指導に活かしていきます。

特定の子とばかり行う様子が見られる場合には，「君たちがこれから出ていく社会にはいろいろな人がいるよね。君たちは，ずっと同じ人と一緒にいる狭い世界とたくさんの人とかかわってたくさんの知識や考え方を知ることができる広い世界と，どちらを選びますか」と問いかけます。子どもたちはおそらく後者を選びます。そこで続けて，「安心しました。私もみなさんと同じ気持ちです。じゃあ今ペアを作るときにはどうしたらいいと思う？」と聞くことで子どもから「今までやったことのない人とやる」「普段遊んでない友だちとやってみる」といった発言が出るでしょう。そこをすかさず価値付けることで，日常から様々な人とかかわることに積極的な学級を育てていくことにつながります。日々の授業でペア活動の前に取り入れてもよいでしょう。

【参考文献】
赤坂真二著『先生のためのアドラー心理学―勇気づけの学級づくり』ほんの森出版　2010年

〈三澤勇介〉

第2章 「かかわろうとする雰囲気」をつくる学級ゲーム＆ワーク

16 この国ど〜こだ！

■対象学年：3年生以上　■時間：5分　■準備物：ワークシート（なくてもOK！）

ねらい クイズ形式でのゲームを通して，かかわり合う雰囲気をつくる

ゲームの概要

話し合いが盛り上がらない，子どもたちの意見がつながらない…，そんな悩みを解決すべく，社会科授業の導入は，このゲームで盛り上がりましょう！　出題者は，回答者に内緒で国を1つ決め，その国に関する「ヒント」を考えておきます。回答者は質問をし，制限時間内にその国を当てるゲームです。正解したら回答者の勝ち，そうでなければ出題者の勝ちです。友だちとかかわり合いながら，楽しく学習を進めることができます。

進め方

事前に問題を出題する子どもは，世界の国の中から，出題する国を1つ決めます。質問に答えるための「事前学習」として，その国に関するヒントを決めておきます（右のようなワークシートを使うと，スムーズである）。

❶「これから『この国ど〜こだ！』をします。生活班で行います（4〜6人）。今日の出題者が1人，残りの人は回答者です。制限時間は5分です」

❷「『この国ど〜こだ！』というかけ声と共に，座っている人（残りの班員）は順に質問をしましょう」

❸「質問するときは手を挙げて，指名されてから発言しましょう」

❹「地図帳を見ながらゲームを進めましょう。答えられない質問は，『パス』をして構いません。それでは始めましょう！」

世界の国あてクイズ！ 　児童用

やり方
①問題に出す国を決め，その国についてのヒントを考えます。
②ヒントは，その国の位置，宗教，名産，食べ物や文化などを調べて考えましょう。
③世界地図を見ながら，ヒントを1つずつ出して国名を当ててもらうようにしましょう。

ヒント1.　＿＿＿＿＿＿＿＿＿＿

（地図帳などで国の特徴を調べながら問題を作りましょう！）

ヒント2.　＿＿＿＿＿＿＿＿＿＿

ヒント3.　＿＿＿＿＿＿＿＿＿＿

正解は…

雰囲気づくりのポイント

- 問題に選ぶ国はどんな国でもよいですが,「ヒント」をしっかりと考えさせることが重要です。「ヒント１にはその国の位置を」「ヒント２にはその国の特産品を」というように具体的に指示を出すと,わかりやすくなります。
- 重要なことは,「相手に尋ねる」「考えて答える」という場面に,ルールを設けることです。ルールがないと騒然となり,ねらいが達成できない場合があります。目的はかかわり合う雰囲気をつくることですので,例に示したようにルールをしっかりと示しましょう。子どもたちと考えてもよいです。正解者には拍手を送ることも大切です。
- あまり知られていない国名がクイズになってしまう場合は,「今日はヨーロッパ圏から」など,出題してよい国の範囲を決めましょう。

評価のポイント

ゲームへの取り組み方に目を向けさせます。
- 質問するときは,きちんと手を挙げ指名されてから発言したか→学習ルール
- たくさん質問することができたか→質問しようとする意欲,習慣付け
- 相手がわからないように質問に答えられたか→考えて答えようとする意欲,習慣付け

ゲームを通して,「相手に尋ねる」「考えて答える」ことの大切さをしっかりと指導します。わからないことを解決しようと尋ねたり,考えて答えたりしてこそ話し合いは成立し,よりよい意見や考えとなっていきます。ただ意見を述べるだけの「発表」と区別をしましょう。ルールを守って活動することの安心感を,子どもたちと確認することも重要です。意欲的に,楽しく活動できた子どもたちの姿勢を認め,本時の学習に入りましょう。

★ 日常化のポイント

「社会科の時間は楽しい！」という始まりを意識させるために,以下が大切です。
- だらだらと時間を延ばさず,決めた時間でしっかりと切り上げること。
- 「この国ど〜こだ！」の声を全員で元気よく出します。元気がなかったらやり直しです。
- 話し合いの中で質問をしている姿や考えて発言している姿が見られたら,「いい質問です！ ゲームで学んだことが活きていますね！」などと,本筋とつなげて価値付けしていきます。

また,このゲームはどんな内容でも応用可能です。学習の進み具合によって,「この県ど〜こだ！」「この魚な〜んだ！」「この人物だ〜れだ！」とアレンジしていきましょう。

〈元吉佑樹〉

グループを笑顔にする「みんなでベルトコンベアー」

■対象学年：全学年　■時間：10〜15分　■準備物：マット

簡単なゲームを通して，協力することのよさに気づく

ゲームの概要

子どもたちがベルトコンベアーになって，いろいろなものを運ぶゲームです。このゲームを通して，みんなで学習しているという雰囲気にし，かかわりを深めることができます。いつもは1人でする丸太転がりをみんなでくっつきながらするだけで，なぜか楽しくなってきます。

進め方

❶「今から『みんなでベルトコンベアー』をします。怪我をしないよう，マットに手や頭，背中や腹をつけてしっかり慣らしましょう」

❷「でははじめに，一人一人丸太転がりを楽しみましょう」

❸「次にグループごとに，これからベルトコンベアーになって，上のショートマットを端まで運びます。ベルトコンベアーなので，一斉に同じ方向に転がりましょう」
（上に乗せるものは，実態に応じて工夫する）

❹「上手に運ぶことのできたグループを紹介します。上手なポイントを見つけてみましょう」
（見つけたことを伝えることの繰り返しが，教え合いにつながる）

[アレンジ]

グループの人数は6〜8名がおもしろいですが，学級全体で行っても楽しいです。実態に応じて，人数を調整してください。

ショートマットで十分に遊んだら，自然に子どもたちから友だちを運ぶという意見が出ます。運び方は学年や実態に応じて工夫してください。

雰囲気づくりのポイント

- 低学年の場合，まだ上手に丸太転がりができない子どももいます。そうした子どもには，授業を通じて，しっかり教えてから活動すると，みんなで楽しむことができます。また，まっすぐに転がれない子を最初は真ん中にするとズレにくくなります（こうした工夫はすぐに教えないで，子どもたちに考えさせていくとよいです）。
- [アレンジ]に書きましたが，やっていくうちに子どもたちがもっと楽しくしようと工夫します（上に乗せるものを変える，人数を変える，他のグループと競争する…）。そのときに「みんなが安全か」「みんなが楽しめるか」を子どもたちと考えることが，友だちを意識することにつながります。教師は「安全で，全員が楽しめる」中で，楽しくしようと工夫をしているグループを積極的にほめます。「おもしろくしたね」「みんなが楽しくなるね」など，声をかけていろいろな意見を出しやすくするとよいです。
- うまくいったら，合言葉や手拍子などを決めておくと，一層盛り上がります。

評価のポイント

　友だちとかかわろうとする子どもを積極的に価値付けしていきます。例えば，ベルトコンベアーを成功させるために，友だちと話し合ったり，不得意な子にアドバイスをしたりしている子どもに評価します。そうした姿が，あまり見られないようであれば，うまくいっているグループを紹介し，なぜうまくいっているのかを考えさせます。教師からもうまくいっている点について伝えます。

　また，活動を楽しもうとする子どもにも積極的に声かけをしていきます。例えば，より楽しくなるように工夫している子どもや，笑顔で活動できている子どもを評価します。

　楽しく活動するためには，友だちの存在が必要なことに子どもが気づく声かけが大切です。

日常化のポイント

　ベルトコンベアーを十分楽しんだ子どもたちに，「ベルトコンベアーの何が楽しかった？」と尋ねると，はじめは「いろいろなものを運ぶところ」などと返ってきますが，次第に「みんなでやったところ」という声も出てきます。そこで「みんながいるから楽しかった」「みんながいるから，いろいろな工夫もできた」などと，価値付けします。

　授業中，教え合ったり，ほめ合ったりしている子に「楽しくなるね」「みんなが上手になるね」と声かけをしていきます。

〈虎竹信之介〉

18 まねっこしよう！「ピヨピヨちゃん」

■対象学年：1～4年生　■時間：5～10分　■準備物：なし

ねらい　仲間と同じ動きをし，楽しい雰囲気を共有する

ゲームの概要

前に立った人の動きを，学級のみんなで真似をするゲームです。前に立つ人がかけ声に合わせて簡単な動きをし，他の子どもも次のかけ声に合わせて，同じ動きをします。簡単なものから始めて，少しずつ複雑にしたり，動きやかけ声のスピードをあげたりするとさらに盛り上がります。楽しい雰囲気の中，自然と学級の友だちとかかわろうとする雰囲気が生まれます。

進め方

❶「これから『ピヨピヨちゃん』というゲームをします。立ちましょう」

❷「みなさんは『ピヨピヨちゃん』です。前に立っている人に，『ピヨピヨちゃん』と呼ばれたら，『何ですか？』と返事をしてください」

❸「次に『あんなことこんなことできますか』と言いながら，前に立っている人が動くので，よく見て真似をしてください」（例えば，手を羽のようにパタパタ動かす，鼻をつまむ，片足を腰の高さまで横に上げる，右手と左手で，それぞれ反対側の耳を持つなど）

❹「動くときには，みんなで『あんなことこんなことできますよ』と合わせて言いながら動きます」

❺「前に立っている人が，『あんなことこんなことできますか』と言いながら，椅子に座ったらゲームは終わりです。では，やってみましょう」

[アレンジ]

ゲームの名前は，学年が上がると抵抗を示す子どもも出てくるので，「コピーロボット」や「鏡よ，鏡よ，鏡さん」などと呼び方を変えていくといいでしょう。

雰囲気づくりのポイント

- 楽しい，おもしろい動きを行う前に，「これならできる」という安心感を全員が持つことが大切です。簡単すぎるくらいの動きを繰り返し行い，できる実感が持てるようにします。
- 多少違っていても，子どもが動けていれば続けていきます。もし動きが真似できていない子どもがいるようであれば，同じ動きを繰り返したり，動きを1か所だけ変えたりして，全員が「できる」状態をつくります。安心感の中で，楽しい雰囲気をつくっていきます。
- 楽しくなりすぎると，ふざけたり，勝手な動きをしたりしてしまう子どもが出てくることもあります。そんなときは，区切りのよいところで「ストップ」と全体を止めて，「ルールと違うことをしている子がいるよ」と全体に，短く注意をします。全員が同じ動きをし，一体感を味わえるようにしていくといいでしょう。

評価のポイント

評価のポイントは3つあります。

1つ目は，ゲーム中，恥ずかしがらずに自己開示している子どもを評価します。失敗を怖がらず，自分を表現する楽しさを価値付けすることで，ゲーム以外の場所でも，自分を表現できるようになっていきます。ちょっと違った動きをしていても，思い切り動けている子どもを見つけ，「いい動きだね！」とほめていくといいでしょう。

2つ目は，前に立つ子どもをよく見ている子どもを評価します。このゲームでは，同じ動きをしようと，自然と友だちをじっくりと見るようになります。その姿を見つけ，「友だちをよく見るのは大切なことだよね」と声かけをします。

3つ目は，みんなが1つになるために協力する姿を評価します。ゲーム終了後，何人かに感想を聞きます。「Aさんが，面白い動きをしているのが楽しかった」「Bさんが，上手に同じ動きをしていて，すごいなと思った」など感想を言うでしょう。「学級で楽しい時間を過ごすためには，みんながしっかりルールを守って，協力することが大切です」と確認します。

★ 日常化のポイント

これは，短い時間でできるゲームです。時間の空いたときや，朝何となく学級の雰囲気が重いときなどに繰り返し行うと，子どもたちの和やかな雰囲気が生まれてくるでしょう。

教師がいろんな動きを教えていると，自然と子どもたちが，自分で動きを考えるようになります。また，休み時間などに一緒にゲームをしていると，子どもたち同士だけでも楽しそうにゲームをするようになります。

〈丸山和也〉

元気はつらつ！「健康観察メッセージリレー」

■対象学年：全学年　■時間：5～10分　■準備物：なし

ねらい 健康観察の呼名にメッセージをつけて，友だちとかかわることで関心を持つ

🍀 ゲームの概要

朝の会での健康観察に，友だちへのメッセージをつけてリレー形式で行うゲームです。呼ばれたら返事をして健康状態を知らせ，次の友だちに一言つけて指名します。忙しい朝の時間，教師が子どもの名前を順番に呼んで，健康観察をすることもありますが，たまにはクラスの子どもたち同士のかかわりをつくる機会にしてはどうでしょう。「自分はいつ呼ばれるかな」「次に誰を呼んで，どんなメッセージをつけようかな」「友だちは自分に何て言ってくれるかな」など，1日一緒に勉強したり生活したりして過ごす友だちに関心を持つことができるでしょう。

進め方

❶「今日は『健康観察メッセージリレー』をします」
❷「先生が，最初の1人の名前を呼びます。そのときに，その子にメッセージをつけますね」
　㊟「今日もおはようのあいさつが，笑顔ですてきだったね。○○さん」
❸「呼ばれた人は，『はい！　元気です！』と大きな声で返事をしましょう」
❹「返事をしたら，クラスの友だちの中から次に呼ぶ人を決めて，メッセージをつけて名前を呼んであげてください」
❺「クラスの友だちが全員呼ばれるまで続けます。最後の人は，メッセージをつけて先生の名前を呼んでくださいね」
　㊟「休み時間一緒に，遊ぼうね。□□さん」「はい！　元気です。今日も給食を全部食べられるといいね。△△さん」……（続く）「今日も勉強がんばります！　◎◎先生」

[アレンジ]
帰りの会で，クラスの友だちのよいこと見つけで行うこともできるでしょう。

雰囲気づくりのポイント

- 低学年など，最初はメッセージが難しかったり，時間がかかり過ぎたりする場合は，次の人を指名してリレー形式で健康観察を行って活動の楽しさを味わうとよいでしょう。慣れてきたら，「今日はちょっと難しくして，お友だちに一言メッセージをつけてみよう。できるかな？」とやりたい気持ちを引き出すといいでしょう。
- 活動を続けると，いつも仲のよい特定の子の名前を呼んだり，男子だけ，女子だけの名前が続いたりすることもあります。そういう場合は，「今まで呼んだことのない友だちを呼んでみよう！」「自分の列と違う列の子を呼ぼう！」などと，始める前にアドバイスをします。
- 教師は，健康状態を確認し，どの子が呼ばれたか，いつも名前が最後の方まで呼ばれない子はいないかなど，細かいところまで気を配ります。そのような場合は，教師が最初に名前を呼んだり，誕生日月が同じ人などのように，ある程度条件をつけたりする配慮も必要です。
- 最後に，教師の名前を呼ばれたら，とびっきりの笑顔で大きな声でうれしそうに返事をしましょう。朝からクラスが明るい雰囲気になりますよ。

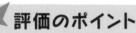 **評価のポイント**

　評価をするポイントの1つ目は，活動がスムーズに進むかどうかという視点です。次の人を指名するまでの時間が短くなったり，メッセージをすぐに言えるようになったりすると，活動にリズムが生まれ，それが多くの子に対して隔てなくかかわろうとする姿勢にもつながります。

　2つ目は，メッセージの内容はどうかという視点で評価します。最初のうちは，「いつも元気だね」など，どの子にもあてはまるような当たり障りのないメッセージが多いでしょう。活動を続けていくにつれて，「音読が上手だね。○○さん」「昨日は，係の仕事を手伝ってくれてありがとう。△△さん」などと，一人一人のよさやがんばりを見つけて具体的なメッセージを言える子が増えてきます。そこで教師は，友だちの具体的なよさを見つけてメッセージを送れたことについて，子どもたちがかかわり合って生活している姿を認め，価値付けていきます。

★ **日常化のポイント**

　「健康観察のときに，友だちにメッセージを言ってもらってどうですか？」と子どもたちに聞くと，「楽しかった！」「うれしかった！」という声が返ってきます。全員に一言言わせる機会をつくるには，朝の会の時間は有効です。日常の場面でも，クラスの友だちに何気ない一言を添えてあげられる子が出てきたら，学級の雰囲気がよくなり，かかわることのよさを自然と感じられる学級になるでしょう。

〈山中　順〉

20 班のかかわりを深める「今日の友だち」

■対象学年：全学年　■時間：5～10分　■準備物：くじ

ねらい 班の中で，友だちとよいことをし合いながら，かかわりを深める

ゲームの概要

「班のかかわりが深まらない」と悩んだことはありませんか？ ここで紹介するのは班の中でよいことをし合って「今日の友だち」を当てるゲームです。くじ引きで班の中から「今日の友だち」を決定し，1日かけてよいことをしていきます。また，自分にもよいことをしてくれる友だちがいるので，それが誰か考えます。帰りの会の時間に，班の中で「今日の友だち」を当て合います。「何をしてあげようかな？」というワクワク感と「ぼくの相手は誰だろう」というドキドキ感を味わいながら，班の友だちとのかかわりを深めていきます。

進め方

[朝の会]

❶「班のメンバーの名前が書かれたくじを引きます。くじで誰を引いたのかは，帰りの会まで秘密です」

❷「今，くじで引いた友だちに，1日かけてよいことをしましょう。また，自分にもよいことをしてくれる友だちがいるので，自分の相手が誰か，よく考えておきましょう」

[帰りの会]

❶「『今日の友だち』を当てます。自分の『今日の友だち』だと思う人の前に行って，『わたしの今日の友だちは○○してくれたAさん！ ありがとう！』と言って手を出してください」

❷「正解なら握手をします。不正解なら『ごめんなさい』と言います。全ての班で成功できるようにがんばりましょう」

[アレンジ]

今回は生活班での取り組みを紹介しましたが，学級全体に広げるとさらに学級のかかわりが深まります。

雰囲気づくりのポイント

- 帰りの会で，自分の「今日の友だち」が不正解になることがあります。そうしたときは，教師が間違えた子に笑顔で「惜しい！」「残念！」などの声かけをして，間違えても大丈夫という雰囲気をつくりましょう。また，どうしてもわからない子には「私の『今日の友だち』は誰ですか？」と聞いてもよいというルールがあると安心して取り組めます。
- どんなことをしたらよいのかわからない子がいる場合には，他の子がどのようなことをしているのかを学級全体で共有すると，わからない子も参考にしながら取り組めます。
- 活動を進めていくと，「今日の友だち」以外の班の友だちにもよいことをする子が現れます。それに対して，「みんなにやっているからわかりづらい」と不満が出ることがありますが，このときがチャンスです。「みんながわからない程，班の友だち全員によいことをしているって素敵だね」と価値付けてあげましょう。また，個人的に「『今日の友だち』には，周りの人以上にたくさんやってあげようね」と伝え，かかわる意欲を高めていきましょう。

評価のポイント

評価のポイントの1つ目は，日々の小さな成長を評価することです。「今日，Aさんがそっとランドセルを持ってあげていて素敵だったよ」「筆箱が落ちたときに，誰が『今日の友だち』かわからないほど，みんな一生懸命に拾ってあげていたね」など，学級に広げたいような，よいかかわり合いをしていた子を価値付けます。

2つ目は，全ての班が成功したときに評価することです。「全ての班で『今日の友だち』を当てることができました。取り組んでみてよかったことはありますか？」と，子どもたちに感想を聞きます。すると，「友だちに『ありがとう』って言われたとき，やってよかったって思った」「誰かがそっと私のことを手伝ってくれていて，嬉しかった」などの言葉が出てきます。そこで教師は，「友だちとよいかかわりをすることで，みんなと仲よくなれるし，自分も嬉しい気持ちになれますね」と，かかわることのよさに気づけるような価値付けをします。

★ 日常化のポイント

「ランドセルを持ってきてもらったときはどんな気分でしたか？」「友だちがさりげなく手伝ってくれたときはどんな気持ちでしたか？」と子どもたちに聞くと「いい気分になった！」「嬉しかった！」といった声が返ってきます。そこで，「『今日の友だち』じゃなくても，こんな素敵なことが学級全体に広がっていくといいですね」というまとめをします。以後，友だちのために動いている子に「さすがだな」「すごいね」と声をかけます。

〈福永博一〉

21 みんなで1つの詩を

■対象学年：3年生以上　■時間：15～30分　■準備物：詩カード

ねらい 互いの意見を聞きながら，1つの詩を完成させることで，あたたかな雰囲気をつくる

ゲームの概要

　間違うことに抵抗感を持ち，自分の意見や考えを発表することをためらう子どもはいませんか？　このワークは，1つの詩を2～4行ずつ区切ってバラバラにしたカードをみんなで意見を出しながら並べ替えて，1つの詩を完成させるものです。「自分の考えを相手にしっかりと伝え，相手の意見も尊重し，話し合いの折り合いをつける経験を教科指導にも取り入れたい」というときに活用してほしいワークです。

進め方

　事前の準備として教師は，1つの詩を2～4行ずつに区切ったカードを班の数だけ用意します（並べ替えるときに考えやすいように，ある程度の意味のまとまりを考慮して区切っておく）。
❶「『みんなで1つの詩を』というワークをします」
❷「これから配るカードには詩の一部が書かれています。みんなで協力して話し合い，カードを並べ替えて詩を完成させてください」
❸「完成した班は，黒板にはりに来てください。答え合わせをしましょう」

[アレンジ]
　発達段階や子どもの実態に合わせ，詩を選択すると，様々にアレンジが可能です。わいわい楽しく意見を出し合う雰囲気をつくるためのワークとして取り組むこともできますし，これから学習する詩を取り上げると導入としても活用できます。

雰囲気づくりのポイント

- 話し合いの基本ルールとして、相手の意見を否定しないことを徹底します。
- 大切なのは、全員で協力して１つの詩を完成させることです。みんなが納得して話し合えるようにしましょう。
- 相手に自分の意見を伝えるためには、根拠とともに発言することの大切さを教えます。「なぜそう思うのか」という根拠を語句・表現に求め、意見を言うときは根拠とともに発言させます。
- 詩の学習に対する抵抗感を少なくし、詩のおもしろさやよさを感じられるように、楽しい雰囲気で行いましょう。

評価のポイント

話し合いの途中で、積極的に声をかけて、次の３つのポイントで評価をしていきます。

- 意見を１つに集約し、折り合いをつけていく中で、仲間の意見を聞き入れようとする姿勢があるかどうか評価します。「みんながしっかり聞いてくれると、○○さんも自信を持って意見を言えますね」「○○さんの意見を、みんながしっかり聞いているのが先生にも伝わります」
- 意見を言うときに、根拠をもとに発言しているかどうか評価します。「詩のタイトルをヒントに考えたのですね」「根拠をもとに考えていますね。大切なことですね。そうすると、相手も納得してくれますね」
- 最終的にできあがった詩が正解かどうかは問いません。間違いを恐れずに意見を発表することと、話し合いの中で折り合いをつけることがこのワークのねらいです。

★ 日常化のポイント

　これから学習する詩の導入でなく、わいわい楽しむワークとして行う場合は、比較的簡単な詩と少し難しい詩を用意します。簡単な詩で自信をつけさせてから、「もう１つ難しいのも用意しているけど、挑戦してみる？」と言うと、子どもの意欲が喚起されます。

　班内で様々な意見が出されたときに、「どのようにして１つにまとめたのですか？」と聞くと、「考えた理由を聞くと、自分も納得できて考えが変わりました」などという声が返ってきます。「相手に自分の思いを伝えるためには、理由や根拠をしっかり説明することが大切なのですね。これは国語の時間だけではありませんね。いろいろな話し合いの場面でも活かしていきましょう」とまとめます。

【参考文献】
M.M.サルト著／宇野和美訳／カルメン・オンドサバル、新田恵子監修『読書へのアニマシオン―75の作戦』柏書房　2001年

〈新妻　蘭〉

22 みんなで協力！輪の中に入ろう

■対象学年：全学年　■時間：15〜30分　■準備物：ポリ袋や布などエリアの範囲の印となるもの

ねらい 仲間と協力して課題を解決することを通し，人間関係を深める

ゲームの概要

決められたエリアより飛び出さないようにしながら，課題を解決するゲームです。「いつでも・どこでも・誰とでも」できます。このゲームの課題を解決するためには，自分の考えを伝える，仲間の意見に耳を傾けるなどチームで「協力」することが大切になります。徐々に難しくなる課題に対してチームでアイデアを出し合うごとに，仲間とのかかわりが深まり自然と笑顔があふれていることでしょう。

進め方

❶「今日は決められたエリアより飛び出さないようにしながら，課題を解決するゲームをします。チームで『協力』してゲームに取り組みましょう」

❷「今からグループ分けをします。〇〇グループで集まりましょう。集まったらその場に座ってください」（学級は36人（男子18名，女子18名）であれば，18名×2班または9名×4班編成などがよい）

❸「今からゲームの内容を説明します。決められたエリアにチームの全員が入るようにしましょう。このとき，決められたエリアには足の裏しかつけてはいけません。次々と課題を出していくので，グループで協力して課題を解決し，全員が決められたエリアに入れるようにしましょう」

[アレンジ]

18人で行っている場合エリアの中には36本の足がついています。そこで「エリアの中につく足が18本になるようにしましょう」と課題を出したり，エリアを狭くしたりします。

雰囲気づくりのポイント

- ゲームを始める際，教師が笑顔で子どもたちの前に立ち，楽しい空間づくりをします。
- 子どもたちが「みんなで力を合わせてがんばるぞ」という気持ちになるよう，ゲームの内容を説明するときに，ゲームのイメージがつくようにします。おんぶやだっこなどをして課題を解決するように導くと，より一層チームの団結力が高まります。
- 仲間とかかわることが苦手な子どもたちには，教師があたたかい声かけをしたり，グループ分けの際，配慮したりして，安心してゲームに取り組むことができるようにします。
- 課題が解決できたときや，できそうなときには「さすが！」「すごい！」「いいアイデアだね！」など教師から子どもたちに声かけをして盛り上げていきましょう。

評価のポイント

評価のポイントは3つあります。

　1つ目は，チームの一員として協力し，課題解決に取り組めたか評価します。自分の意見を伝えることができたか，仲間の意見に耳を傾けることができたか，またその他にチームの一員としてどんな協力をすることができたかふり返りを行います。

　2つ目は，チームが一体となり課題解決に取り組めたか評価します。中心となって意見をまとめる人がいたか，指示が全体に通るようにサポートする人はいたか，課題解決のための工夫を共通理解しチーム全員で協力して行えたかふり返りを行います。

　3つ目は，この活動だけでなく，様々な活動の中で評価します。上記の行動が子どもたちの中から自然と出てくることが本当の価値のあることだと伝えていきます。

★ 日常化のポイント

　活動の最後に，「みんなで協力して何かを成し遂げたときの気分はどうですか」と子どもたちに聞くと「楽しかった」「よかった」といった声が返ってきます。ここで，みんなで何かを成し遂げるためには一人一人の協力が大切だということを感じられるとよいでしょう。

　そして，学校生活の中にはみんなで力を合わせ，一人一人の協力が必要となる場面がたくさんあることに気づかせます。そのときに，今回のゲームで発揮した力を日常の場面でも発揮できるように導きます。様々な機会を有効にすることにより，仲間とかかわることの「楽しさ」や「充実感」を感じることができるでしょう。

〈田頭佳苗〉

23 書き言葉で互いの思いを紡ぎ合う「ラウンド＝テーブル」

■対象学年：4年生以上　■時間：5〜15分　■準備物：A4用紙

ねらい 意見に共感する活動を通して，多くの友だちとかかわろうとする雰囲気をつくる

♣ ゲームの概要

　友だちと筆談によって意見を交流し，互いの意見のよさを認め合ったり，共感し合ったりするという簡単なワークです。ワークシートをグループで回し，そこに書かれている考えに対して自分の考えを書いていきます。自分の意見を他者がどのように受け取り，考えているかが視覚的にわかります。自分の思いをなかなか口にできない中学生でも参加しやすいワークです。

進め方

❶「これから，『ラウンド＝テーブル』という方法を使ってお互いの考えを交流してもらいます。配布された紙を四つ折りにしてください」（下図参照）

❷「次に，一番上に今日の交流課題と自分の名前の頭文字を書いて○で囲みましょう」

❸「それでは，課題について自分の考えたことを書きましょう」（2〜3分）

❹（書けているかどうか必ず確認したあとで）「では，その用紙を時計回りに渡してください」
「今，1番上に意見が書かれた用紙が手元に届いていますね。2番目のスペースに自分の名前の頭文字を書いて○で囲ってください。1番上に書かれた意見をよく読んで，『この考えいいな』『この考えわかる〜』と思ったことをできるだけ詳しく書いてください」（2〜3分）

❺❹を紙のスペースが埋まるまで続けます。

❻（紙が1周して自分の手元まで返ってきたら）「自分の意見に多くの人が反応してくれましたね。それらを読んで，自分で『この意見いいなぁ』と思った意見に赤ペンで線を引きましょう」

[アレンジ]

　ワークを行う人数によって紙の折り方を変えて下さい（右図は4人グループ用）。

「この物語の感想」

㋕

雰囲気づくりのポイント

- 活動を行って間もない頃は，互いの意見を肯定的に見ることを中心に意識するようにしていきます。中には，どうしても，肯定的な面を見つけることに難しさを感じている子どももいます。そういった子どものために，はじめに教師が示範してあげるといいでしょう。
- 自分の用紙が戻ってきたら，少しでもいいので，互いの意見を読む時間を設定します。また，友だちの意見についてふり返ります。そうすることによって，自分の意見がどのように受け止められているかを実感することができます。

評価のポイント

評価は「意見の受け止め方」に絞って行います。
- 友だちの意見に具体的にコメントしているものは，本人の許可を得て全員の前で読みます。
  (例)「『○○○』という意見は，登場人物の気持ちを捉えていてなるほどと思ったよ」
- 友だちからもらった意見を，「自分のために意見を言ってくれた」と捉えている子どもを見逃さずにほめます。
  (例)「○○さんは，△△さんの意見から，自分になかった視点を持つことができたね」
  　　「○○さんは考えが深まったね。それは△△さんのおかげだね」

★ 日常化のポイント

　この活動は，話し言葉ではなく書き言葉の交流なので，普段，話し言葉での交流が苦手な子どもでもあまり抵抗なく行うことができます。

　また，短い時間で行える活動ですから，教科を問わず，様々な授業で応用が可能です。特に，課題に対して自分の考えを持たせたいとき，そして，その考えを少ない時間でも交流させたいときには非常に有効な方法です。

　学習内容に対する理解を深めることはもちろん，教室でともに学ぶ友だちとの関係性を深めることにも一役買ってくれる活動です。その時々で，学習内容に重点を置いて交流させるか，学習者の関係性に重点を置いて交流させるかを意図しながら行うとよいでしょう。授業だけでなく，学活などの時間を用いて1日のふり返りに用いたり，生活課題を設定したりして頻繁に行うこともポイントです。

　さらに，ワークシートは連絡帳や生活の記録などにはっていくと，自分自身のよさをいつでも確認できるポートフォリオにもなります。時々，活動を通しての感想や，これからの意気込みなどをノートに書かせることも意欲の喚起につながります。

〈久下　亘〉

24 アベレージ・ヒッター

■対象学年：3年生以上　■時間：10〜15分　■準備物：紙

ねらい 相手の考えを読み取ることを通して，かかわり合おうとする雰囲気をつくる

♣ ゲームの概要

　スキージャンプの飛型点やモーグルの得点など，スポーツではジャッジの公平を期するために，より平均に近い得点だけを採用する種目があります。そこからヒントを得たゲームです。グループ内でそれぞれ数字を書いて，1番大きい数と1番小さい数を書いた人を除いた，より平均に近い数を書いた人の数が得点になります。これを5回行い合計得点で1番多い人が勝ちです。友だちの表情を見ながら行う，駆け引きのある心理戦ゲームです。

進め方

❶「6人グループを作り，紙と鉛筆を用意します」
❷「まず，1〜50までの数を1つだけ友だちに見られないように紙に書きます。その書いた数が得点になるので，よく考えて書きましょう」
❸「ただし，グループの中で1番大きい数と1番小さい数を書いてしまった場合，その書いた数は得点になりません。気をつけてくださいね」
❹「今のルールを聞いて数を書き直したい人はいますか？」(30秒で書き直しをさせる)
❺「先生の『せ〜の』の合図のあと，一斉に数を声に出して，紙を見せ合います」
❻「『せ〜の』『○○！』得点できた人は数の横に○。無得点の人は数の横に×を書きます」
❼「これを5回戦まで行います。最後に5回分の得点を全て足し，総得点で多い人が優勝です」

[アレンジ]

　「数を1〜100にする」「5回戦目だけ得点が2倍になる」など，アレンジ方法は無限です。学年の実態やその場の雰囲気によってルールを変えると，盛り上がります。

雰囲気づくりのポイント

- １回戦目は平均点をねらうために30前後の数を書く子が多いです。しかし，その中でもより高得点をねらったために0点になってしまう子がいます。ここがチャンスです。高得点をねらうために果敢にチャレンジした子をほめます。すると，２回戦目以降書く数の幅が広がるので，さらに盛り上がります。
- 数を書く際に意識するのは「友だちの表情を見ること」です。表情の変化を捉えて，どんな数を書くか予想させます。相手を惑わすために，いろんな表情を見せる子も出てきます。より相手の心情を考えながら，心理戦を楽しませることができます。
- 数を見せ合う瞬間は，教師の腕の見せどころです。大きい数を書きすぎた子には「攻めたねぇ！」，小さい数を書きすぎた子には「もったいないねぇ！」など，適宜ツッコミを入れて盛り上げ，楽しい雰囲気をつくっていきます。

評価のポイント

　このゲームは適当に数を書いていても，なかなか得点につながりません。そこでゲームを終えたあと，子どもたちに「どんなことを考えて数を書いた？」と問いかけます。すると，「友だちがどの数を書くか予想しながら書いていた」というような言葉が返ってきます。そこで教師は，
- 相手が何を考えているかを察すること

といった行動が，普段の生活でも大切になってくることを伝えていきます。

★ 日常化のポイント

　このゲームでは，「相手の表情を見ること」，そして「相手の考えを読み取ること」が大切になってきます。普段の生活の中でも，この２つは必要な力だと考えます。

　相手の考えを読み取るためには，まず「相手に興味を持つこと」が出発点になります。子どもたちに「ゲームをしているとき，知らない間に友だちのことを一生懸命考えていなかった？」と問いかけ，友だちとかかわり合うことで関係性がより深まることを伝えます。そして，常に相手の立場になって物事を考えられるように，普段から声かけをしていくことも有効だと考えます。

〈成田翔哉〉

25 自分をちょっと好きになる「リフレーミングワーク」

対象学年：4年生以上　　時間：20〜40分　　準備物：ワークシート

 自分の性格の短所について見方を変えることを通して，自己肯定感を高める

ゲームの概要

　自分の性格の短所を発表し，それを友だちから長所に変えてもらうというリフレーミングワークです。リフレーミングとは，見方を変えるという意味です。紙の中央にある枠に自分の短所を書き込み，同じ班のメンバーに見方を変えてもらい，短所を長所に書き直してもらいます。普段はなかなか人に相談できない悩みを打ち明ける場を設定することで，困っていることや悩みに対し，アドバイスをしてもらう経験をします。そうすることで，次に悩み事が生じたとき積極的に相談できる関係づくりを促します。

進め方

❶「リフレーミングワークをします」
❷「まず，ワークシート（下図）の中央の枠に自分の性格の短所や直したいところを書き込みます」
❸「同じ班の人が，短所や直したいところの見方を変えます」
❹「例えば，先生は音痴です。これをリフレームすると音痴なことで，人を笑わせることや同じ音痴の人が歌ってみようと思うことができます」
❺「では，ここに背が低くて悩んでいる人がいたとき，どうやって見方を変えてあげますか。矢印の先に，短所の見方を変えるとどんな長所になるのか書いてあげましょう」（実際に紙に書いてみて，いくつかのリフレーミングを体験してみる）

[なかなか思いつかない子には]
　実際に書いた子の中から，上手にリフレーミングできている例を取り上げ参考にさせます。
（例）可愛い服が似合う。組体操で一番上に立てるなど。

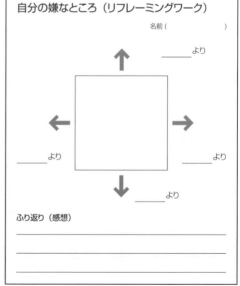

雰囲気づくりのポイント

- 自分の短所を発表することに抵抗がある子のために，まずは教師の短所を思い切って発表します。そうすることで，安心して発表できる空間であることを伝えます。
- 短所をバカにしたり，責めたりする場でないことを伝えます。最初にそのルールをきちんと伝えることで自分の気持ちをオープンにできる子が増えます。
- 人に言いたくない短所は言わなくていいことも伝えます。あくまでみんなに言える範囲の短所を言えばよく，何度かワークを重ねることで，徐々に言えるようになっていくことをねらいます。

評価のポイント

　まずは，自己開示できたことを認め，それに対し一生懸命リフレーミングを行ったことでクラスの仲間が勇気づけられたことを価値付けます。

　自分が気にしていること（短所）は，人から見れば大したことがないことに気づくことが大切です。背が高いことを短所として発表していた女の子には，①高いところに手が届いて便利，②遊園地で絶叫マシンに乗れるからいいな，③大人っぽい服も似合うからうらやましい，といったリフレーミングが見られました。自己開示をすることで，リフレーミングしてくれた相手との心の距離が近づき，勇気づけられることを確認します。

★ 日常化のポイント

　自分の学級で実際にやってみたところ，ふり返りの中に「嫌だと思っていたけれどあんまり気にしなくてもいいんだと思った」「嫌なところをほめてもらい意外にうれしかった」という感想が書かれていました。それを通信などで紹介し，次への意欲を高める材料とします。

　たくさんやればよいというものではないですが，何回かやることでリフレーミングがどういうものかわかってきます。同じ短所についても，違う相手に言いかえてもらうことでたくさんの見方を知ることができます。席替えをして班が変わるタイミングで行うと，心の距離が近づき，その後の班活動がスムーズに行えます。

　1年の終わり頃には，自分の短所を自分で言いかえることができるとさらに自己肯定感が高まるでしょう。

【参考文献】
岸見一郎，古賀史健著『嫌われる勇気―自己啓発の源流「アドラー」の教え』ダイヤモンド社　2013年

〈深見太一〉

第 **3** 章　「ルールやマナーを守る雰囲気」を高める学級ゲーム＆ワーク

26 パズル de 席替え☆
― パズルと席替えがまさかのコラボ!? ―

■対象学年：2年生以上　■時間：20〜40分　■準備物：ポスター もしくは 広告

ねらい 友だちと相談し合う中で礼儀作法の基本を学び，日常生活につなげていく

♣ ゲームの概要

　まずは，数枚のポスターや広告の紙をバラバラにカットしておきます。それを，みんなと相談し合いながら，同じ絵柄のピースを持っている人をさがし出し，1枚の元の絵を完成させていきます。その際，同じ絵柄のピースを持っていた人同士が新しい班のメンバーとなります。元の絵柄が完成した班から順番にくじをひき，班単位で新しい席を決定していきます。

進め方

❶（教師は何班がどこの場所なのか事前に黒板に書いておく）「それでは，今から席替えをします。でも，今回は普通の席替えではありません。『パズル de 席替え』をしたいと思います」

❷「この箱の中に何枚かのポスターをバラバラにしたものが入っています。そのバラバラにしたもの，ピースを順番に引いてもらいます。友だちと相談してバラバラになったポスターを完成させましょう。同じポスターのピースを持っている人が新しい班のメンバーになります」

❸「そこで，ルールが2つあります。1つ目，相談するときはまず握手をして『よろしくお願いします』と言います。相談し終わったら，もう一度握手をして『ありがとうございました』と言います。2つ目，ポスターが完成したら代表の人を決めて先生に報告にくることです。完成した順に何班になるかのくじを引いてもらいます。その班の中での席順は最後に話し合って決めます」

❹「それでは順番に箱の中のピースを引きに来ましょう。全員ピースを持ったらゲームスタートです」

[アレンジ]
　ポスターではなく白紙を用いると難易度がアップします。

雰囲気づくりのポイント

- 相談するときのはじめとおわりのあいさつ，そして握手をきちんとさせます。最初は，こういったあいさつに慣れていない子どもたちが照れかくしでふざけてしまうこともありますが，そのことに関しては軽く指導をして，受け流します。ただし，礼儀作法の大切さ，どういった行動がいいのかは繰り返しクラス全員に伝え続けていきます。
- 最初は何となく，楽しみながら勢いでやってくれます。しかし，回数を重ねてるうちにマンネリ化し，あいさつを適当にする子どもたちが増えてきます。その際には，まず，もう一度なぜ礼儀作法が大切なのかを丁寧に説明をします。クラスの中に必ず数人は模範的な行動をとっている子どもたちがいます。そういった子どもたちをほめてあげます。

評価のポイント

社会に出て大切なことの１つは礼儀作法であるといったことを，まず一番はじめに子どもたちに伝えます。その具体的な行動像として，以下のようなことを示します。

- 相談するときはまず，握手をして「よろしくお願いします！」，相談し終わったら「ありがとうございました！」と言って，もう一度握手をして別れる。

そして，素晴らしい行動をしている子どもが出てきたら，「今，すごい人いたんやけどわかる人？」と発問をし，子どもたち同士で誰のどんな行動が素晴らしいかを話し合わせていきます。そうすることで，子どもたちの中での抽象的な礼儀作法のイメージを具体化させていきます。

しかし，回数を重ねていくと，マンネリ化してきます。そのときにはものすごくがんばっているわけでもなく，全くやる気がないわけでもない，何となくがんばっている子どもたちを認め，ほめてあげることで学級のやる気スイッチが入りやすくなります。

日常化のポイント

「礼儀作法って難しい言葉やけど，実際にやってみたら簡単やし，少し大人になった気持ちするやろ？ これが成長だよ！」と伝えます。そこから，「ふだんの生活でも使えそうなとこあるよね？」と子どもたちに聞くと，たくさんの意見が出てきます。その出てきた意見を踏まえて，日常生活の礼儀作法についてのまとめを行います。以後，教師は日常場面の中で礼儀作法の大切さ，具体的行為像を伝え続け，子どもたち自身から素晴らしい行動が出たらほめて，周りの子どもに波及させていく。これらを繰り返すことで，礼儀作法が日常化していきます。

〈小野領一〉

27 ハラハラ！ドキドキ！！ 無人島崩壊ゲーム
― 最後まで生き残れるのは誰だ!?―

■対象学年：3年生以上　■時間：20〜40分　■準備物：子どものイス（参加人数分）

ねらい 友だちと自分の意見をすり合わせることを学び，問題解決能力を高めていく

ゲームの概要

30人学級でゲームをすると仮定します。

学級の人数分のイスを用意し，30人を3チームに分けます。

まず，誰がイスのどこに立つのか，イスをどのような形にするのかを3分間話し合いをさせます。3分たったら，いよいよゲーム開始です！

ルールは単純明快です。チームの代表同士で時計回りに順番にじゃんけんをします。

㋑A vs B ➡ B vs C ➡ C vs A

勝てばセーフ。負けだとイスが1つ抜かれてしまいます。じゃんけんをする人は1回ずつ交代とします。どのイスを抜くかは勝ったチームが決めます。チームの誰かがイスから落ちてしまったら負けとなります。

進め方

❶「今から『無人島崩壊ゲーム』をします」

❷「このクラスは，全員で30人ですね。今から30人を3チームに分けたいと思います」
（グループの分け方は学級の状態に応じて変えていく）

❸「今からルールを説明します。ルールはとても簡単です。各チーム，イスの上にのぼります。そして，それぞれのチームの代表の人同士，時計回りで順番にじゃんけんをして，勝ったらセーフ。勝ったチームは負けたチームのイスを選んで抜いていきます。じゃんけんをする人は1回ずつ交代します。チームの誰かがイスから落ちたら負けです」

❹「では，今から作戦タイムを3分間とります。イスのフォーメーション，誰がどこに立つか，どの順番でじゃんけんをするのか作戦をたてましょう」

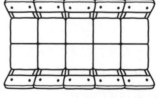

❺「3分たちました。相手を押したり，先生が危ないと思ったらそこでゲームを打ち切ります。それでは，始めます」

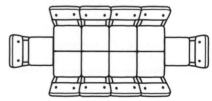

雰囲気づくりのポイント

　最初，子どもたち同士でケンカが起きてしまう可能性が高いです。「押すなよ！」「お前のせいで負けたやろ」「○○くんが□□ちゃんを押して，泣かした」といった声があちこちから出てきます。こうなったらラッキーです！

　そういった声が出てきたら，まずなぜケンカになったのかを子どもたちに考えさせます。そして，どうすればケンカにならなかったのかを何度も徹底的に話し合わせます。そうすると，子どもたちの中から「お互いに思いやりが足りなかった」といった意見に収束していきます。もちろん，少数の子どもたちはそれでもおかまいなしにちょっかいをかけ続けますが，学級の雰囲気がやわらかくなってくると，そういった行動も減少してきます。

評価のポイント

　対人関係を習得していく上で大切なことは，いかに相手と自分の意見をすり合わせていけるかということです。自分の意見ばかりを押し通そうとするから，ケンカにつながってしまうのです。今回の無人島ゲームはあえてケンカが起きやすく，少し危ないゲームにしています。そうすることで，子どもたち自身でどうすればケンカにならないのか？　どうすれば安全に遊べるのか？　といったことを考えさせるねらいがあります。

　活動中にケンカが起きなければ，「今日はケンカが起きなかったね。何でだと思う？」「今日○○さんがナイスな発言をしてたんだけど聞いてた人いる？」などの発問をします。そして，子どもたちの中での思いやるといったことの行為像のイメージを具体化させていきます。

日常化のポイント

　友だちとケンカしたとき，授業中の討論のとき，あらゆる日常場面で友だちとよい人間関係を築くために必要なことが，他人を思いやることです。このゲームを行うことで他人を思いやることの具体的行為像をイメージできるようにします。そして，ゲームで得た成功体験をもとにして，どのようにして自分の意見と相手の意見をすり合わしていけばよいのかを日常場面でも具体的に考えさせていきます。

　※このゲームは学級の状態によっては適さない場合もあるのでご注意ください。

〈小野領一〉

28 ことわざカルタ

■対象学年：２年生以上　■時間：５〜10分　■準備物：画用紙数枚（班数）

ねらい ことわざの獲得を通して，ルールやマナーを守る雰囲気をつくる

ゲームの概要

　ことわざのカルタ取りです。表はことわざの下半分，裏にはことわざの全文が印刷されています。やり方の基本は「五色百人一首」などのカルタ取りと同じルールです。

　例を挙げると，表に「棒に当たる」の札は，裏に「犬も歩けば棒に当たる」とあります。エクセル等を用いれば簡単に作れます。これを両面に印刷して，それを切って作ります。20枚から40枚程度，実態に応じて作ります。ことわざは難しい漢字も多いので，すべてふり仮名つきで作ると，読字力をつけながら，低学年でも無理なく使えます。

　班に１セットのカルタを配り，１ゲーム５分程度で実施します。教師が全員に読んで，子どもは班内で勝負します。お手つきやおしゃべりは「１枚場に戻す」などとして，「ルールを守らないと勝てない」という形にします。最終的に取った枚数が多い子どもが勝ちです。

進め方

❶「今から『ことわざカルタ』というものをやります」

❷「カルタの表はことわざの下半分が書いてあり，裏にはことわざの全文が印刷されています。例えばこの札の表は『棒に当たる』です。裏には何て書いてあると思いますか？　そうです。『犬も歩けば棒に当たる』です。私は裏面を読みますので，みなさんは表面を見て，その札を取ります」

❸「では，班で１セットずつ配りますので，班長さんは札を取りに来てください」

❹「札を表にして並べてください。取るときには『ハイ！』と言って取ります。もしお手つきやおしゃべりをしてしまったら，持っている札を１枚，場に戻します。場の札は，次に札を取った人が１枚ずつもらえます。それでは，互いに礼」

「お願いします」

「では，始めます」

カルタ表

カルタ裏

雰囲気づくりのポイント

- 最初の内は，当然取れません。2日目，3日目と繰り返しやっていく内に，段々と上半分を読むだけで取れるようになってきます。やがて，最初の単語だけで取れるようになります。
- 1対1でもできますが，4人対戦型をおすすめします。4人だと周りの目があるので，全体的にルールを守る雰囲気になりやすくなります。結果，負けたときの不満や文句も減ります。
- ルール違反は，自然と負けてしまうようになっているので，「はい，おしゃべりした人は1枚場に戻します」というように，淡々と言うだけに留め，よい雰囲気づくりを優先します。
- 飽きさせない工夫も必要です。慣れてきたら「ハイ！」と言って取る代わりに「棒に当たる！」と下半分を読みながら取るようにルールを変更します。そうすることで，教師が読む量は半分になり，友だちの声も聞くようになります。ことわざ自体も，すぐ覚えてしまうので，1ヶ月程度でどんどん新しいものに変えていくと，熱中し続けます。

 評価のポイント

ゲーム中，ルールやマナーを守っている人をほめていきます。「『ハイ！』といういい声が聞こえてきますね」「誰もおしゃべりしていない。集中していますね」「勝ったときに相手に敬意を払える人は素晴らしい。負けたときの礼がきちんとできる人は，もっと素晴らしい」などと，よい行動とは何かをゲームに対する姿勢の評価を通して学びます。

「ゲームはルールやマナーを守るからこそ楽しい」といったことが価値付けられていきます。

> ★ **日常化のポイント**
>
> 　普段の指導の言葉もことわざを使うようにします。上半分で問いかければ，下半分で返ってきます。これにより，自然とルールやマナーを守る雰囲気が醸成されていきます。
> 　例えば，おしゃべりするより話を聞いてほしいときは「言葉多ければ？」「品少ない」や，「二度聞いて？」「一度もの言え」というようなかけ合いを用います。
> 　また，立て続けに注意を受けてしまう子には「仏の顔も？」と聞けば「三度まで」と返してきます。そこで「仏様ですら三度まで」ということを強調したあとには「転んでも？」「ただでは起きない」とかけ合いをして，「よし，ファイト！」と笑顔で励まします。「ことわざ」という先人の知恵に学ぶことで，くどくど言わず明るい雰囲気でマナーやルールの指導ができます。

【参考文献】
向山洋一著『向山型国語＝暗唱・漢字文化・五色百人一首』明治図書出版　2006年
福山憲市著『スペシャリスト直伝！学級づくり"仕掛け"の極意―成功に導くキラー視点48』明治図書出版　2014年

〈松尾英明〉

29 こじつけディベート

■対象学年：2年生以上　■時間：30〜45分　■準備物：なし

ねらい 常識的なルールやマナーを見直し，守る雰囲気をつくる

🍀 ゲームの概要

　いわゆる「常識」と思えるような論題について，ディベートゲームを行います。途中，立場を逆転させて意見を述べさせることで，逆の立場の視点を持つことができ，普段自分と逆の行動を取る仲間の気持ちについても考えられます。議題としては「掃除はしたい人だけがする」「廊下は急いでいるときは走ってよい」といったような，学校のルールとしては結論が決定しているようなもので，現在指導が必要なものを選んで行います。なお，司会は教師が行います。

進め方

❶「今から『こじつけディベート』というものをやります。相手を説得するゲームです」
❷「今から出すお題に対し，○か×のどちらかの立場に立って意見を述べてもらいます」
❸「今日のお題は『掃除はしたい人だけがする』です」「(子ども) ええ〜！？」
❹「では，廊下側の半分の人は○，窓側の半分の人は×の立場で意見を述べてください」
❺「自分の本当の意見と逆かもしれませんが，『こじつけ』でいいのでその立場でやります」
❻「では，時間を3分取るので，意見をノートに書きます」
❼「はじめます。まず，×の人から意見を述べてください」(常識的な意見を先に出させる)
❽「次に，○の人，意見を述べてください」
❾「それぞれの意見に対し，反論がある人はどうぞ」
❿「意見が出尽くしたので，立場を逆転します。今度は逆の立場で意見を述べましょう」
⓫「これでディベートを終わります。感想を書きましょう」

雰囲気づくりのポイント

- ディベートでは，人を傷つけるものでなければ，どんな意見であっても認めていきます。
- 「仮の立場」であることを強調して進めていきます。「やんちゃ君」が「優等生」な意見を述べたり，逆もあったりすることを認めていきます。ギャップに対し一緒に笑うぐらいのことをして，何でも言える雰囲気をつくると，その後がスムーズに進められます。
- 議論がヒートアップしすぎることがあるので，あくまで「ゲーム」であることを確認して進めます。別人になったつもりで，その立場での意見を楽しませましょう。
- 逆の立場に役割交換するところがポイントです。両方の立場で考えることで，本当に正しい行動はどちらなのか，なぜそれが正しいのかに気づいていきます。

評価のポイント

　感想を書いたあと，「なぜ掃除はみんながすると決まっているのでしょう？」と，問いかけます。子どもたちは話し合いを通して，「掃除をやるべき理由」を明確にしていきます。自分がさぼってはいけないことを，自分自身の言葉から学んでいきます。だから，掃除を真面目にやろうという雰囲気が，存在するようになります。すると，今まで何となくやっていたことに，「なぜやるのか」「何のためにやるのか」という意味が加わり，活動が活性化します。こういったことに気づいたこと自体を評価することで，よい行動を価値付けていき，マナーやルールを守る雰囲気をつくっていきます。

日常化のポイント

　討論でテーマになったことについては，視点を持って意識して見て，ほめていきます。例えば「掃除はやりたい人だけがやる」をテーマに行った場合，掃除をやるべき理由がたくさん挙がります。「今日はたくさん使って汚したから，やり甲斐があるね！」「責任感があるね！」「きれいにすると気持ちがいいね！」「感謝の気持ちが伝わる拭き方だなぁ」「心を磨けているね！」など，子どもたちから出た言葉を使ってほめていきます。
　できていない子どもを責めるのではなく，できている子どもをほめることに集中することがポイントです。「廊下を走る」というような危険を伴う行為でない限り，ほめようとすることに意識を集中し，そうでない子どもに対しては「意図的な無視」をします。注意が中心になると，次回異なるテーマでディベートをするときに，意見を言いにくい雰囲気ができてしまいます。少しでもやるようになったらすかさずほめるのがポイントです。
　ディベートのあとは，あくまで「美点凝視」の視点を持って接することが大切です。

〈松尾英明〉

30 ハッピー・レター

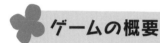

☐ 対象学年：２年生以上　　☐ 時間：10～30分　　☐ 準備物：はがきサイズの便箋

ねらい あたたかな気持ちの中で，ルールを守る雰囲気を高める

ゲームの概要

「学級の友だちがハッピーな気分になる手紙を書いて，自分もハッピーな気分になるお返事をもらう」というゲームです。はがきサイズほどの「ハッピーな気分になる便箋」に，「ハッピーな気分になってほしい友だち」宛の手紙を書きます。手紙の中身は，相手が喜ぶ言葉，ご機嫌になる文章を書いていきます。そして，最後に「そんなあなたが大好きです」と書き添えておきます。その手紙をもらった人は，差出人に必ず返事を書きます。この返事にも「ハッピーになる言葉」が詰まっています。そうすることで，手紙を貰えない子どもがいなくなり，全員がハッピーな気分になることができます。

進め方

❶「『ハッピー・レター』というゲームをします」
❷「今から，１人に１枚『ハッピーな気分になれる便箋』を配ります。そして，ハッピーな気分になってほしい友だちに手紙を書いてもらいます」
❸「この手紙でハッピーな気分になってもらうために，手紙に書く文章は『いつも係の仕事をがんばってくれてありがとう』や『○○ちゃんのがんばっている姿を見て，元気をもらったよ！』などの『ハッピーになる言葉』で埋め尽くしましょう」
❹「そして，最後に必ず『そんな，○○ちゃんが，大好きだよ！』と，素敵な言葉を添えておきます」
❺「受け取った人は，もらったままにせずに必ずお返事を書きます。このお返事も『ハッピーになる言葉』で埋め尽くしましょう」
❻「１人の人に書いたら，次の人，その次の人に書いていきましょう。しかし一度書いた人には，この時間は書きません。時間いっぱい，１人でもハッピーな気分になる人を増やしましょう。では，始めます」

[アレンジ]
低学年で，はじめて行うときには「ありがとう」「素敵だな」「○○しているところを見ました」などレイアウトを作っておくと，書きにくい子でも書きやすくなります。

雰囲気づくりのポイント

- まず「手紙をもらったら,必ず返事を書く」「最後に『大好きだよ!』の一文を入れる」という約束を守るように伝えましょう。この約束がないと,ただの手紙になってしまいます。「約束を守ることで全員がハッピーになれる」ことを伝えます。
- 高学年になればなるほど照れくさくなり,相手をほめるような手紙を書きたがらないことがあります。そのようなときは,誰とでも話しやすい雰囲気をつくるために,最初に「じゃんけんインタビュー」などの自己開示しを促すようなゲームでウオーミングアップをするとよいでしょう。
- はじめは誰に書いたらいいのかわからなかったり,1人の子どもに集中したりするので,1人目は「お隣さんと出し合いましょう」と決めるとスムーズに始まります。
- 書くことに抵抗を感じて書き進めない子どもには教師から手紙を出してあげましょう。まず教師がハッピーにさせてあげるのです。

評価のポイント

　ゲームの終了後に「ハッピーな気分になった人?」と挙手をさせます。そして「どうしてハッピーになれたの?」「どんな言葉がハッピーにしてくれたのかな?」と問いかけましょう。そうすることで,「ハッピーな気分になる言葉をもらったから」だけではなく,「自分を思いやってくれている友だちの存在があったから」や「友だちをハッピーにしたい気持ちが自分をハッピーにしてくれた」「みんなが約束を守ってハッピーな雰囲気をつくれたから」といった言葉が出てきます。そこで「ルールを全員で守ったから全員がハッピーな気分になった。それは君たちがつくった空間なんだよ」と伝えましょう。

　「みんなが約束を守った」ということに価値を持たせることで,当たり前のことを守ろうとする姿勢が生まれてきます。

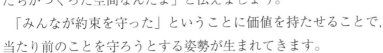
日常化のポイント

　「このあたたかい雰囲気をつくった気分はどうですか」と聞くと,「うれしい!」「最高の気分!」という声が聞こえます。そこで「みんながルールを守ると誰かが幸せになるんだよね。実は交通ルールだってそうだよ。信号を守ることで,みんながビクビクしないで安全に道路を渡れるって幸せなことだよ。そんな当たり前なことも,みんなが約束を守っているからだね」と日常生活と関連させてまとめます。

〈岡田広示〉

31 お絵描きリレー

対象学年：全学年　時間：15分　準備物：B4用紙

ねらい 相手の思いを実現させ他者理解を深めながら，ルールを守る雰囲気を高める

ゲームの概要

「言葉以外でコミュニケーションを取って，リレーで絵を完成させる」ゲームです。教師がテーマを決めて，そのテーマに合う絵を，言葉や文字などを使わないで，1人が一画ずつ描いていき，次々とグループ内でリレーしながら，制限時間内に描き上げます。そして作成中の疑問を質問し合ったり，作品に名前をつけたりしてグループ内で話し合います。言葉のないコミュニケーションと，言葉でのコミュニケーションを経験することで相手を思いやる雰囲気が生まれます。

進め方

❶「『お絵描きリレー』というゲームをします」

❷「今から，グループに1枚，真っ白な紙を配ります。その紙に全員で1つの絵を描いてもらいます。1人の人が1つのものを描いたら，すぐ次の人に渡します。その人も何か1つ付け加えたら，また次の人に回していきます。そうやってグループの中をぐるぐる回しながら時間内に絵を完成させましょう」

❸「絵を描くときのルールは3つです。1つ目は1人が長く描かないこと，2つ目は『パス』をしていいことです。3つ目が一番大事です。ゲームが始まったら，絶対に口を開いてはいけません。相談もできません。目や肌で『何を描こうとしているのかな？』と推理しましょう」

❹「絵が完成したら，描いている最中に『これは何なのかな？』と友だちに尋ねたかったことを質問します。そして描き上げた絵を見ながら『ここはこんなことができるように描いた』や『僕が描いたのはこんな意味がある』と描き上げた絵でお話を作ります。最後に作品に名前をつけてもらいますからね」

❺「では，テーマは『不思議な時計』，制限時間は5分です。用意！　スタート！」

[アレンジ]

時間を短縮して行いたいときは，紙のサイズを調整したり，使える色を限定したりすることで対応できます。また，発達段階に合わせてイメージしやすいものをテーマにすると子どもの活動がどんどん進み，その分，話し合いのときの話題も多岐に渡ってきます。ただ，子どもの中で流行っているキャラクターなどは，広がりにくいためテーマにすることはやめましょう。

雰囲気づくりのポイント

- 子どもによっては，友だちに遠慮して何も描けないことがあります。そのため「パスは何回でも可能」ということを周知させておきましょう。「いつでもパスしていい」という安心感の上で実施しましょう。
- 逆に1人でずっと描きたい子どもが出てきます。1人が長く描くと他の子どもが参加できないので，「1人が長く描かない」ことを約束させます。このゲームは絵を完成させるだけではなく，相手を思いやることがねらいだとも伝えておきましょう。
- 最初は誰でもイメージできる日常のものをテーマにすることがおすすめです。慣れてくると「楽しい学校」「不思議な公園」など，クラスの子どもたちが登場してくるようなテーマにすると和気あいあいとした雰囲気が生まれてきます。

評価のポイント

絵を描いたあとの話し合いの前に「何が難しかったのか」と問いましょう。すると，必ず「話ができないから何を描いていいのかわからなかった」と言ってきます。そこで「何を見て描くものを決めたの？」と切り返します。子どもは「○○ちゃんの描きたいことは，こんなことかなと想像しながら描きました」や「○○ちゃんなら，こう描くかなと思いました」という言葉が出てきます。そこで教師は，「友だちを思いやる心のことだね」と価値付けます。そして「こうやって絵が完成したのも，みんなが『口を開かない』というルールを守ったからだね」とルールを守ったことを賞賛します。

日常化のポイント

「『こう描いてほしいな』と思っていたことを描いてもらえたときは，うれしかったよね」と子どもたちに話すと「うれしかった」「何だか，ほっとした」と返ってきます。そこで「普段の生活の中で，私たちはどれくらい相手のことを考えて生活しているのでしょうか？ ひょっとすると，全く考えていないかもしれません。これからは，『自分ならこうしてもらうとうれしいな』ということを相手にしてあげましょう。例えば，配り物をするときに方向を整えるみたいな，ちょっとしたことから始めてみましょう」と意識してできそうなことから始めようという意欲を持たせます。

〈岡田広示〉

32 やるじゃん！ミーティング

■対象学年：3年生以上　■時間：10～15分　■準備物：なし

ねらい お互いのレベルアップした部分を認め，伝え合うことを通して，ルールやマナーを守る雰囲気をつくる

ゲームの概要

体育のミニゲームや球技などで，チームごとにお互いのレベルアップした部分を伝え合い，その都度「やるじゃん！」と声をかけ合うワークです。最初と比べてどこがうまくなったのかを具体的に伝えたり，チームのみんなで「やるじゃん」と認めることで，どのような言葉かけやサポートが必要か考えることができるでしょう。

進め方

❶「『やるじゃん！ミーティング』をします。チームごとに顔が見えるように輪になって座りましょう」

❷「順番を決めて下さい」

❸「1番の友だちに，1人ずつ順番にうまくなったところやがんばっているところなどを伝えます」

❹「聞いている人たちはその都度，1番の友だちの顔を見ながら『やるじゃん！』と拍手を送ります」

❺「一巡したら，1番の人はみんなにお礼の一言を伝えます」

❻「2番の友だちにも同じように続けます」

❼「全員終わったら，チームみんなでハイタッチをしましょう」

[アレンジ]

試合終了後に，対戦相手とも，チーム全体のレベルアップした部分を伝え，讃え合うのもよいでしょう。

雰囲気づくりのポイント

- はじめのうちは，子どもたちの試合の様子を見ながら，「ナイスサーブだね！」「よく拾った！」「よく声が出ているね！」など，教師が言葉かけをたくさんしておきます。
- ミーティングの最初は，文句や暴言などを言ってしまったり，なかなか言葉が見つからない子どももいるかもしれませんが，1つでも見つけて伝えられたときに「よく見ていたね！さすが○○ちゃん！　先生も嬉しいな〜」と瞬時にほめると効果的です（特に暴言を言ってしまう子どもへの言葉かけとして，ここがチャンスです！）。
- ミーティング後の試合中，失敗しても「ドンマイ」「大丈夫だよ！」などの声が聞こえてきたら「ここ，チームワークいいね〜！　だからうまいんだね」など，教師が一声かけておきます。特に球技や体育自体が苦手な子どもに対してフォローの言葉が聞こえてきたら，両方をすかさずほめます。

 評価のポイント

　ミーティングのあと，試合の様子が段々と変わってきます。そこで試合終了後に子どもたちに問いかけます。「チームワークがよくなったところが増えたけど，前回の試合と今回の試合では，何が変わったのかな？」「なぜ笑顔が増えたり，声が大きくなったのでしょう？」などの発問で，自分たちの声かけやチームの仲間を尊重する気持ちへの変化に気づかせます。すると，「失敗しても攻めないで『ドンマイ』と言ったり，お互いに声をかけるようになったから」とか「前はミスすると文句言われてやる気なくしたけど，今はミスしてもドンマイって言われると次はがんばろうって思ったから」などの言葉が出てきます。そこで

- お互いがやる気になり自信を持てるようにするには，マイナス面ではなくできたところやがんばっているところを見つけて伝える大切さ
- 人に安心感を与える言葉のかけ方の大切さ
- お互いがお互いの役に立つ大切さ

などに気づけた子どもたちの姿を認め，価値付けていきます。

★ 日常化のポイント

　「やるじゃん！　ミーティング」は，普段の生活でも活用できます。（例えば，掃除，当番，係活動，運動会など）様々な場面でできることに気づかせ，教師は日常生活の中で子どもたちの言葉が変化していくたびに紹介し，自信を持たせていきます。

【参考文献】
赤坂真二著『赤坂版「クラス会議」完全マニュアル―人とつながって生きる子どもを育てる』ほんの森出版　2014年

〈新井奈緒美〉

33 聴き方名人になろう！

■対象学年：3年生以上　■時間：45分　■準備物：ワークシート，タイマー

ねらい　聴き方のワークを通して，相手が話しやすい聴き方のマナーを身に付ける

ゲームの概要

2人組になり，6つのよい聴き方とよくない聴き方を体験し，どんな態度が「聴き方名人」なのかを考えるワークです。「ロールプレイ→ワークシートに記入」を繰り返し，次にグループで1番話しやすかった聴き方を決めます。それを実行し続けることにより，今後は「聴き方名人」として話を聴けるようになるでしょう。

進め方（2人組→グループ→全体）

① 2人組を作り，AとBを決めます。
② Aは趣味や好きなテレビのことなどを話し続けます。Bは「聴き方①」の態度で聴きます（30秒間）。終わったら，Aは今の感想をワークシート（次ページ参照）に書きます（2分程度）。
③ AとBを交代し，Bが話し，Aが「聴き方①」の態度で聴きます（30秒間）。Bは今の感想を書きます。
④ 「聴き方②」から「聴き方⑥」までのワークを進めます。
⑤ 終わったら，お互いの感想を伝え合います。
⑥ 聴いてもらっているときの相手の態度で，1番よかった方法はどれだったかを伝え合います。
⑦ グループで「聴き方名人」とはどんな聴き方か話し合いワークシートの「聴き方名人とは！？　ズバリ！？」のあとに記入します。
⑧ 各グループで話し合った「聴き方名人」を発表します。聴く人はグループで決めた「聴き方」で発表を聴きます。

> **聴き方**
> ※少しオーバーにやることを伝えておきましょう。
> ①顔（目）を見ない。
> ②顔（目）を見る。
> ③顔（目）を見ないで手悪さ。
> ④顔（目）を見て笑顔。
> ⑤つまらない顔でほおづえをつき，全くうなずかないで，顔も見ない。
> ⑥笑顔で顔を見て，反応したり，熱心にうなずく。

ワークシート例

聴き方名人になろう！　　月　日（　）　年　組（　）番　名前	
①顔（目）を見ない。	②顔（目）を見る。
感想	感想
③顔（目）を見ないで手悪さ。	④顔（目）を見て笑顔。
感想	感想
⑤つまらない顔でほおづえをつき，全くうなずかないで顔も見ない。	⑥笑顔で顔を見て，反応したり，熱心にうなずく。
感想	感想
聴き方名人とは！？　ズバリ！？	

※ワークシートには，①〜⑥の聴き方は書いておかない方が盛り上がります。こちらで「聴き方」を黒板に貼り，全員に読ませてから始めるとよいです。

雰囲気づくりのポイント

- 黒板に「○○方名人になろう！」と書いて，子どもたちに考えさせます。答える中で，「おしい！」「近い！」などと言いながら当てさせると盛り上がります。
- はじめは教師ができるだけオーバーにお手本を見せます。2人組になると照れて笑う子どももいますが，だんだん役者になってくるので「うまいなあ」「うわ〜！」などと反応して聴き方を少しオーバーにさせます（そうすると話す方が感想を書きやすい）。
- 最後，自分たちで決めた「聴き方名人」の態度で聴く前に「さすがだね。話を聞く前から『聴き方名人』になってる人がいる！」と言うと，全員「聴き方名人」の態度になります。

評価のポイント

「どんな聴き方だと話しにくかった？　話しやすかった？」と問いかけます。「顔を見ない，手悪さ，ほおづえをつく」は，かなりショックな聴き方だという意見が，逆に「顔を見て，笑顔でうなずく，反応する」は，どんどん話したくなる，という意見が出てきます。そこで
- 相手の顔を顔を見て，笑顔でうなずきながら反応する

このことが，一番嬉しく安心できる聴き方ということを価値付けていきます。

★ 日常化のポイント

　習慣になるまでは，常に「さすが，みんなは聴き方名人だね〜！」と声をかけます。話を聞き合う場面では，一声かけておくとだんだん自分からできるようになるので「お！聴き方名人がこんなに増えてる！！　さすがだね！」と更にほめていきます。学期が終わる頃には，顔を見て笑顔でうなずきながら会話ができるようになっていきます。

〈新井奈緒美〉

34 給食準備選手権大会

■ 対象学年：3年生以上　■ 時間：5〜15分　■ 準備物：ストップウォッチ

ねらい 給食準備の仕事を楽しみながら確認し，準備時間を短縮する

ゲームの概要

これは，給食の準備・配膳活動を，そのままゲームに見立ててしてしまうという活動です。4時間目終了のあいさつが終わると同時に，ストップウォッチで給食準備の活動時間を計り始めます。すべてのおかずが配膳され，給食当番が白衣をしまってクラスの子ども全員が着席し，「いただきます」の合図でストップウォッチを止めて，時間を発表します。日に日に準備時間が短くなっていくとともに，きちんとルールを守った配膳活動ができるようになっていきます。

進め方

❶ この活動を始める日の朝に，「みんな知らないだろうけど，実は，『全日本小学校給食準備選手権大会』というのがあるんですよ。準備時間が10分を切れば，地区大会を勝ち抜くことができます。8分を切れば，県大会を勝ち抜いて北信越大会に出場できるレベルですね。5分を切ったら全国大会に出場できますよ！」などと，子どもにユーモアを交えて話をします。

❷ 準備時間を短くするには一人一人が自分の役割を果たすことが大切だということを伝えて，給食当番・係，その他の子どもの動きを確認します。

❸ 4時間目の終わりのあいさつ終了から，「いただきます」のあいさつが終わるまでの時間を計ることを確認します。このとき，すべてのものを配りきるように言っておきます。

❹ 4時間目の終わりのあいさつ時，「じゃあ，あいさつが終わったら計り始めるからね。がんばろうねー」と声をかけ，あいさつが終わると同時に，ストップウォッチを作動させます。

❺ 教師は子どもたちの手伝いはせず，見守ったり，アドバイスを送ったりしつつ，経過時間を1分おきに読み上げます。

❻ 「いただきます」のあいさつが終わったあと，今日の準備時間を知らせて喜んだり残念がったりするとともに，よかったところ，改善すればいいところを伝えます。

❼ これを，1週間〜10日程度続けます。

雰囲気づくりのポイント

- 最初,子どもたちは「えー,先生,そんな大会ないでしょー?」などと言うと思いますが,「いや,先生が子どもの頃からありましたよ! 嘘だと思ったら,○○先生にも聞いてみなさい」などと,少々悪ノリして言い張ってください。この語りでは,子どもたちに「おもしろそう!」と思わせればOKです。そのためにも,教師自身が楽しんで語ってください。
- 最初はタイムがそれほどよくなくても,一生懸命に準備に取り組む子どもをほめます。
- 時間が短縮されてきたら,教師も思いきり,本気で喜びます。そうすることで,子どもたちのやる気とテンションがアップします。
- ただし,素早く給食準備をする目的は,食事の時間をしっかり確保することにあります。だから,前日よりも時間がかかったときでも,10分程度で準備できていれば,「すばらしい! ゆっくりおいしく給食が食べられるね!」というように評価します。
- 他の担任の先生方に声をかけて,学級対抗の競争にする形も楽しいです。

評価のポイント

　この活動の目的は,給食準備の仕事を確認することと,給食準備時間を短縮して給食を食べる時間をなるべくたくさん確保することです。タイムを計るというのは,そのための手段に過ぎません。だから,タイムを縮めることにこだわりすぎるのはよくありません。この活動は,教師が子どもをあおるところから始まるのですが,それはあくまで教師の演技であり,真の目的は何かということを常に念頭に置いておかなくてはなりません。

　準備時間を短縮しようとすれば,必ず,一人一人の子どもが自分の役割をしっかりと果たさなければならなくなりますし,他の子どもの手伝いをしてやる必要も出てくるでしょう。そういう,自分の責任を果たす姿や,仲間と協力する姿を取り上げて評価するようにします。

　だから,10分程度の時間で準備ができるようになったら,この活動は終わりにした方がよいでしょう。それ以上続けると,マンネリ化して活動が停滞することがあります。

日常化のポイント

　この活動を行うと,一生懸命にがんばる子どもがたくさん出てきます。その子どもを,その場で大きな声で評価するとともに,帰りの会などでも取り上げて賞賛し,学級通信などでも積極的に紹介します。このときに教師が評価したことが,教室のルールとして機能し始めるのです。当番や係以外で席に着いている子どもにも目を配ります。「当たり前」のこともすべて言葉にしてフィードバックすることが,ルールの定着につながります。

〈海見　純〉

35 黙々（もくもく）木曜日

■ 対象学年：5年生以上　■ 時間：木曜日1日　■ 準備物：ラミネートされたポスター（A4）

ねらい 共通のルールの中で努力して取り組む体験をする

ゲームの概要

毎週木曜日を「黙々（もくもく）の木曜日」と名づけ，作業や活動時には一切会話をせずに活動に集中します。

進め方

❶ 木曜日の朝にはこんなふうに子どもたちに投げかけます。
「今日は木曜日です。何事も黙々と活動する日にします。例えば，給食の準備や食べているとき，掃除，教室の移動は黙々です。もちろん帰宅するときも黙々です」

❷ 子どもたちは，「できるかな」「しゃべっちゃいそう」などと反応します。

❸ 子どもたちがノッてきたら，楽しいだけの活動にならないために，「ただ黙々と過ごすのはもったいないね。給食だったら，調理員さんや食材のことを考えたり，掃除だったら，使わせてもらっている教室のことだったり，学校に通わせてくださっているおうちの人のことを考えたりしながら活動します。何か発見があるかもね」と語ります。

❹ 実際の流れは，

> ①給食の時間は，準備段階から含めて無言で食事
> 　　　↓
> ②掃除の時間は，集中して無言で掃除
> 　　　↓
> ③帰りの会のあと，玄関まで静かに帰る

という形です。

雰囲気づくりのポイント

　何のための無言なのかということがないと，子どもたちはついついしゃべってしまいがちです。無言給食は，話すことに集中するのではなく，感謝の気持ちを持って食事に集中すること。掃除の時間も，教室を使わせてもらっていることに対して感謝の思いを持つために無言で掃除に集中することを指導する必要があります。なかなか子どもたちに真剣さが見られないときは，随時，子どもたちに話していく必要があります。下のような展示物を作ってもよいでしょう。

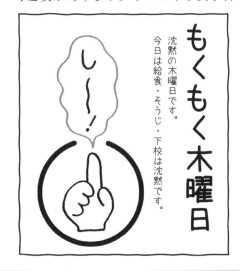

 評価のポイント

　これらの活動にいかに積極的に参加しているかという点に注目します。友だちに「木曜日だよ」「黙々だよ」と声かけをする場面が見られれば称賛します。子どもたちも繰り返すうちにだんだんと慣れ？　熟れ？　が出てきて自然と取り組めるようになるでしょう。
　また実施したあと，感想を聞き，子どもの調理員さんへの感謝の思いなどプラスの思いを拾い上げることもいいでしょう。

> ★ **日常化のポイント**
>
> 　毎週繰り返すことで，子どもに「黙々」の意識が植えつけられていきます。そのような中で「もくもく木曜日」の給食や掃除への取り組みが他の曜日に波及して見られるような場面が見られたときは，大いに子どもをほめていきます。
> 　また，アレンジとして月曜日は「ゲッツのあいさつ」をみんなとしよう，などであいさつの習慣付けもできます。

〈荒巻保彦〉

第4章 「あたたかな結びつきの雰囲気」を高める学級ゲーム&ワーク

36 ナンバー・コール

対象学年：3年生以上　時間：20～40分　準備物：なし

ねらい 譲り合ったり協力したりして課題を達成することを通して，あたたかな雰囲気をつくる

ゲームの概要

「学級の子どもたちが1回ずつ番号を言ってその場に立つ」というだけの単純なゲームです。30人の学級なら，「よ～い，スタート！」の合図で「1！」「2！」と1人ずつ番号を言いながら立っていき，「30！」最後の人が立ったらゲームクリアです。ただし，同じ番号を同時に2人以上の人が言って立ってしまったらアウト！　最初からやり直しです。誰が何番の番号を言うかは事前に決めません。また，ゲーム中，相談したり誰かが指名したりしてはいけません。

最後の1人が立ち上がり，成功したときには学級の一体感を感じることでしょう。

進め方

❶「『ナンバー・コール』というゲームをします」
❷「このクラスは，全員で30人ですね。これから1～30までの番号を1から順番に1人1回ずつ言って立っていきます。例えば『1番を言おうかな』と思った人は『1』と言って立ちます」
❸「立ち上がったら，また，着席して下さい。1人しか立たなかったらセーフです」
❹「『1』の人が着席するの見計らって，次の人は『2』と言って立ち上がります」
❺「もしも2人以上の人が同時に同じ番号を言って立ったらアウトです。最初からやり直しです。誰ともダブらずに『30』までいくことができたらクリアです。いいですか？」
❻「やれそうですか？　難しそうですか？　では，やってみましょう」

[アレンジ]
❸で立ち上がったままにしておくと，誰がコールしたか見てすぐわかるので，難易度が下がります。少し難しい課題にチャレンジしたいときは，上記のまま実施するとよいでしょう。

雰囲気づくりのポイント

- 最初は，われ先に番号を言おうとする子や自分の好きな番号に執着する子が出てきて，失敗を繰り返します。失敗することが楽しくなって，番号がかぶったときに爆笑が起こり楽しい雰囲気になります。最初のうちは全員で楽しむ空間づくりをねらいます。
- また，最初の失敗でかたい雰囲気ができてしまいそうになったら，教師は笑顔で「はい，ざんね～ん，でも，ドンマイ，ドンマイ！」などと声をかけて，気分転換するようにします。
- 失敗が重なっていくうちに，クラスの中にちょっとしたモヤモヤが生まれてきます。そこがチャンス。教師はもう一度ゴールを確認します。その後は子どもたちに「どうしたらクリアできるか」「だぶらないコツは何か」を問い続け，考えさせます。

 ## 評価のポイント

活動が見事成功したら，子どもたちに問いかけます。
「なぜクリアすることができたのでしょう？」「最初の方のみんなと最後の方のみんなとでは，気持ちの中で何が変わったでしょう？」などといった発問で子どもたちの内面の変化を考えさせます。すると，「みんなの様子を見て，『今だ！』と思って声を出した」とか「○○さんがいつも○番を言っていたから自分は遠慮しました」というような言葉が出てきます。そこで，教師は，
- 友だちの気持ちや動きをよく見て行動することの大切さ
- 失敗を恐れずにチャレンジする勇気の大切さ

といった，子どもたちが協調しようとしていた姿を認め，価値付けていきます。

▶日常化のポイント

「みんなで難しいことにチャレンジしてクリアできた気分はどうですか」と子どもたちに聞くと「気持ちよかった！」「最高！」「うれしい！」といった声が返ってきます。そこで，「このようなチャレンジって考えてみると学校生活の中でたくさんあるんだよ。例えば…」というように日常場面（授業や学校行事，係活動など）を想起させるまとめをします。
　以後，教師は日常場面の中で，「今って，あのときのチャレンジと似ているね」と声をかけていくことが子どもたちをその気にさせていきます。

【参考文献】
諸澄敏之著『よく効くふれあいゲーム119―手軽で楽しい体験教育』杏林書院　2001年

〈渡邊正博〉

37 先生をスケッチ

■対象学年：3年生以上　■時間：5〜10分　■準備物：画用紙

ねらい 全員で担任をスケッチする活動を通して，あたたかな雰囲気をつくる

ゲームの概要

　学級にあたたかさと一体感が生まれ，スケッチの練習としても最適な活動です。やり方は簡単！　担任をみんなでスケッチするだけです。しかし，条件があります。それは，「一筆描き」でスケッチをし，鉛筆を画用紙から離してはいけないことです。もちろん，消しゴムを使ってはいけません。ポージングは，お任せしますが，ちょっと見ていると笑ってしまうものがよいでしょう（例ボディビルダーの決めポーズなど）。みんなで「ぷぷぷっ」と少し笑いながらスケッチする雰囲気がたまりません。廊下に他の学級の子どもや教師が通りかかり，「何やってるんだ？」と不思議そうにのぞき込む姿をみんなで眺めると一体感が生まれます。「私たち，楽しいことやってるでしょ！」という子どもたちの声が聞こえてきそうです。

進め方

❶「これからスケッチの練習をしますね。私がこれからかっこいいポーズをしますので，かっこよく描いてください」

❷「でも，条件があります。それは，一筆描きで描くことです。一筆描きとは，描き終わるまで絶対に鉛筆を画用紙から離さないで描くことです。消しゴムも使ってはいけません」

❸「（子ども）それだとぐちゃぐちゃになるよ」

❹「それがいいんです。おもいっきりぐちゃぐちゃにしながら，濃い線で先生を描いてください」

❺「時間は○分です。時間いっぱい描き続けてください。ポーズはこれだ！！」

❻「（子ども）あはははははは」

[アレンジ]
　時間を区切って，ペアやグループで交代しながら1つのスケッチを描かせていくと共同作品となり，協力の要素は高まります。

雰囲気づくりのポイント

　普段しない特別なことをみんなで共有するだけで，学級の一体感は高まります。教師をスケッチすることはありそうでないことです。ぐぐっと教師と子どもたちの距離が，そして，子ども同士の距離が縮まるでしょう。

　図画工作において，友だちや自分の人物像を描かせると抵抗感を示す子どもがいます。それは「上手か下手か評価されることを恐れている」からだと言えます。友だちをスケッチしたあと，「私，こんな顔していない！」と批判を受けることを恐れているのです。そこで，子どもたちの抵抗感を減らすために，教師がモデルとなり，笑えるポーズを作り，わざとぐちゃぐちゃになるように一筆描きをさせ，消しゴムを使わせないのです。「全員がうまく描けない」ことを前提とすることで，子どもたちは安心してスケッチを行い，大胆に濃い線で描きます。そして，描き終わると笑いながら友だちに見せます。教師は，全員のスケッチを眺めながら，「とてもかっこよく描けているよ。うれしいな」とほめます。絶対に批判的な言葉を言ってはいけません。楽しい雰囲気づくりを意識します。

★ 評価のポイント

　この活動で生まれたスケッチは，決して下手な作品ではありません。失敗を恐れ線が細くなってしまっている絵や消しゴムを使いすぎて先に進まない絵よりも，大胆で力強い絵になっているはずです。教師は，「みんなは，描いた絵を笑っていたけど，失敗を恐れて弱くなっている絵よりも，大胆に太い線で力強く描いてある今日の絵の方が魅力的だな」と伝えます。そして，「スケッチが終わったあと，みんなで見せ合っていたよね。その様子がとっても素敵でした。自分が作った作品を見せ合える学級は，絶対にいい学級だよ。悪い学級は見せ合えないよ」と価値付けます。それぞれの表現を認めることの大切さをあたたかな雰囲気の中で伝えます。

子どもの作品

★ 日常化のポイント

　友だちの作品を鑑賞する場面は，学校生活の中にたくさんあります。作品を「上手か下手か」で判断するのではなく，「その人は何を表現しようとしたのか」に注目することの大切さをその都度伝えていきます。図画工作に限らず，社会科の新聞づくり，国語の作文等の作品を読み合う場面でも同様に伝えることができます。作品の鑑賞を通して，友だちを認め合えるあたたかな雰囲気をつくっていきます。

〈和田　望〉

38 教育実習生㊙ドッキリ大作戦

対象学年：5年生以上　　時間：45分　　準備物：教師作シナリオ

ねらい 学校行事以外の場面を利用して，学級のまとまりをつくる

♣ ゲームの概要

　子どもは秘密が大好きです。「学級のメンバー以外には言ってはいけない」という秘密を共有することと，ドッキリ大作戦を成功させることにより，学級のまとまりを加速させるワークです。ドッキリを仕掛けられるのは教育実習に来た大学生！　年度末に子どもたちに「この学級で一番楽しかったことは？」と聞くと，このワークを挙げる子も少なくありません。学級に外部から持ち込まれる資源を有効活用して，子どもたちのまとまりをつくる。それがドッキリ大作戦です。

進め方

❶台本（シナリオ）を作ります（実習生との出会いの日から）。基本のストーリーは①担任は所用で教室から姿を消す→②学級内でケンカ勃発→③1人がキレて教室を飛び出す→④追いかけようとする実習生→⑤子どもの「今の先生はあなたです！」の台詞で足止め→⑥そのあとの実習生の様子に合わせて演技（結末ごとにシナリオ作成）。

❷配役を決め稽古をします（学級の気になる子をスターにするチャンス）。ケンカする子ども2人，制止する子が数人，はやし立てる子が数人，追いかけて出ていく実習生を教室に留める子が1人，実習生が泣いてしまった場合になだめる女子数人，その他シナリオによって必要な役割を決めていきます（予想される結末：実習生が泣く，説教が始まる，制止を突破する，隣の教室に助けを求める）。

❸学級活動の時間を使って本番を行います。子どもたちの期待と真剣さはピークに。どんな結末になるかも見どころです。

❹ネタをばらします。緊張感のある静寂に包まれた瞬間をねらい，「大成功」のプラカードとともに教師が「チャッチャラ～ン♪」と登場します。締めは全員で「大・成・功！」と声をそろえて幕となります。

雰囲気づくりのポイント

　台詞をもらった子どもたちは練習をがんばります。しかし，その他の子どもたちがニヤニヤしていたり，観客目線になったりしてしまうと，ドッキリ大作戦は失敗に終わります。稽古中の決まり文句は，「台詞がないあなたたちの表情と目線で成功と失敗は決まる」です。目的は実習生を「だます」ことではなく，「学級の仲間として迎え入れる」ことにあります。その価値を落とし込む語りが必要です。私の定番は「実習生が本当に先生になれるかどうかは，あなたたちとの思い出の質にかかっているんだ」という語り。また，終盤のシナリオを数種類用意できるかどうかも重要です。教師の想像力が問われますが，その分だけ役者が増え，学級にスター候補を増やすことができます。これが事後の学級経営に与える影響は少なくありません。

評価のポイント

　教育実習生がかわいそう？　そんなお叱りを受けそうですが，私にドッキリを仕掛けられた被害者（？）である実習生Aさんは次のようにコメントしています。
　「自分の教育観がそのまま行動に直結すると実感しました。ドッキリを通して，自分の教育観と向き合い，以前よりも教師としての自分について深く考えるようになりました。また，子どもたちとの距離がぐっと近くなりました。ケンカの演技をしていた子どもは笑顔を見せてくれたり，普段のふれあいの中で話題となったりすることが多かったですね」
　実習生にとっても意味のある活動だと言えるのではないでしょうか。結末は実習生によって様々です。ちなみにAさんは女性で初めて男の子の制止を振り切って，飛び出していった子を連れ戻した方でした。私がふざけて登場し，事の次第がわかると，Aさんは安心してその場に泣き崩れました。それを誰からともなく慰める子どもたち。監督冥利に尽きる一瞬です。そしてこの活動の勘所は「全員参加」という点です。全員が短期的な1つの目標に向かい，自分の責任を果たし，全員でその成功を喜ぶ。この価値を「監督」として評価します。台詞のあった子だけではありません。むしろそれ以外の子どもたちに注目し，大いにほめ称えます。

日常化のポイント

　教育実習生がいる期間は限定的ですが，ほぼ毎年学級にやってきます。実習生を「お客さん」ではなく，学級経営の1つの資源として活用することはできます。また，「全員参加」の意識付けは運動会などの学校行事でも同様です。さぁ，あなたも監督になってみませんか？

〈岡田敏哉〉

39 ラベルで成長の軌跡

■対象学年：5年生以上　■時間：45分　■準備物：ラベルシール，台紙

ねらい 学級の友だち全員を承認し，自己理解・他者理解を深める

ゲームの概要

学期，年間や学校行事等のまとめの段階で，子どもたち同士をつなぐワークです。学級全員分の名前が書かれたラベルシールを配布して，行事の活動や1年間を通して，友だちが成長したと思う内容を子どもたちに書いてもらいます。子どもたちが書き終わったら，「A君の成長の軌跡」「B君の成長の軌跡」等と子どもたちの名前が書かれた台紙を教室に並べて，子どもたちに友だちの成長ラベルを台紙にはっていかせます。最後に，みんなが認めて書いてくれた部分を読み，自分自身をふり返らせます。自分自身の成長について，自分の名前のラベルに書いていきます。

進め方

最初の段階で，「なぜ文化祭をするのか」「どんな文化祭にしたいのか」「文化祭後，どんな自分たちになりたいのか」等，話し合いをさせておきます。

❶「今日は，文化祭のふり返りをします。とてもすばらしい文化祭でした。この文化祭を通してあなたは確実に成長しています。クラスのみんなも成長しています。でも，自分の成長は気づきにくいものです。だから，あなたが気づいている友だちの成長したところを教えてください」とワークの目的を伝えます。

❷「1人分を1分以内で書いて下さい。早く書き終わった人は，次の人の分を書いても構いません」と指示をして，時間を区切りながら書く活動をします。

❸「ここに台紙が並べてあります。台紙の名前とラベルの名前が同じか確認してください。1枚ずつラベルをはがします。台紙の枠の中にゆっくりはってください。枠内であれば，少しくらいずれても大丈夫です」と，ラベルをはる活動をします。

❹「みんなが書いてくれたあなたの成長の軌跡を読んでください。（しばらくして）最後に，文化祭をふり返って，自分自身が成長したな〜と思うことを書いてください」と言って，自己評価をさせます。

雰囲気づくりのポイント

- 友だちの成長を考えさせる視点を与えます。「友だちががんばろうとしていたこと（気持ち），がんばっていたこと（行動），がんばったことやできるようになったこと（結果）のどれかをラベルに書いてください」と，友だちを勇気づけることを考えさせます。
- 「昼休みに練習をこつこつしていた」「最初は声が小さかったけど，大きな声が出るようになった」等と，子どもたちが書きやすいように，具体的な例を黒板に示しておきます。
- 書き終わっていない子どもがいるときは，先に終わった子どもに「自由に歩き回って，まだ終わってない友だちにアドバイスをしてもいいですよ」というように指示します。
- 帰りの会で，「Aさんのよかったところ」や「今日のMVP」のコーナーを設けて，友だちのプラスの面に注目させておくと，子どもたちに様々な気づきが生まれます。
- 「この部分は，もっと小さな音にした方がいいよ」等，友だちのアドバイスを受け入れて，みんなでさらによいものをつくっていくという雰囲気にしておくと活動に深みがでます。

評価のポイント

　日頃から子どもたちが，がんばろうとしていること（気持ち），がんばっていること（行動），がんばったことやできるようになったこと（結果）の3つの視点で観察をして，小さな変化をメモして，確実に全員をほめるように心がけます。教師が子どもたちの成長に気づき，喜ぶ姿を見せることで，友だちのがんばりに気づき，それを発言するような子どもが出てきます。そこで，友だちの成長に気づいたことを，本気で喜び，認めます。小さな成長に気づける子どもの存在は，学級が集団として向上するサポーターになります。この活動では，教師が子どもをほめる視点を，子どもたちに友だちの成長を考えさせる視点として与えます。

日常化のポイント

　この活動は，子どもたちがみんなに認められている実感が生まれるので，学級内があたたかく優しい雰囲気になります。また，書くこととはることの2つの活動が入るので，子どもたちが飽きることなく活動することができます。

　帰りの会等で，「ありがとう」ラベルシールを作成し，子どもたちに書いてもらった内容を教室に掲示したり，「あのときはごめんなさい」ラベルシール活動によって，友だちに伝えそびれていたことを表現させたりすることもできます。また，「誕生日のメッセージ」に活用してお祝いの色紙を作成することが簡単にできるようになります。ラベルシールやカードは，特別活動や授業で，子ども同士のあたたかい感情交流に活用できます。

〈藏屋瑞代〉

40 ○年△組 アートワールドをつくろう

■対象学年：3年生以上　■時間：45分以上　■準備物：マジックペン，貼って剥がせるのり，正方形の工作用紙（10cm四方），模造紙または四つ切り画用紙

ねらい　仲間と協力しながら共同制作をし，クラスの一体感を高める

ゲームの概要

準備も簡単！　制作のルールを守れば，美しく仕上がる共同作品です。また，自分で描いたお気に入りのカードを友だちのカードと合わせていくと，だんだん別の作品に変化していきます。作品をつなげるおもしろさや，友だちとつながる楽しさを体験できるワークです。1枚の工作用紙のカードに模様を描き，大きな台紙にみんなのカードを置いて並べると共同作品の完成です。

進め方

❶「○年△組アートワールドを作ります。一人一人がパズルのカードを作って，友だちのパズルカードとつなぎ合わせていくと，できあがります」

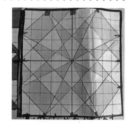

❷（1人に1枚カードを渡しておく）「真っ白のパズルカードには，1つの辺に3つの点がついていますね」（1辺には2.5cm間隔で3か所点を打っておく）
「全部で12か所の点を必ず通る模様を考えてください。鉛筆で模様を描いて，好きな色を1色えらび，その色と白（色を塗らないところ）で色分けしてください。カードが完成したら，裏にのりを塗って，模造紙の上に並べます。自分のデザインと合うカードを選んで，隣合わせに置き，パズルのようにつなぎ合わせていきます。何枚も作ったら，どんどんつないで遊べます。では，やってみましょう！」

[アレンジ]

生活班の友だちと小さな共同作品を作り，それらを合わせてクラスのアートワールドを作ると，より簡単に仕上がります。また，貼って剥がせる「スプレーのり」を予め台紙に塗っておくと，子どもたちはのりを塗る手間を省くことができ，より簡単に作業が進みます。

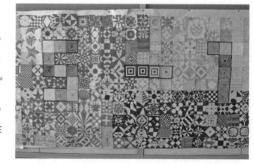

雰囲気づくりのポイント

- 4人位のグループで，互いのデザインが見えるように向かい合わせで座ります。始めは個人でカードを描きますが，描けないでデザインに悩む子どもには個別にアドバイスをしたり，友だちと相談してもいいよと伝えます。カード制作に時間差ができるので，早く完成した子どもには，もう1枚描くようすすめます。もし，デザインに失敗した子どもがいたら新しいカードを渡し，どんどん挑戦させます。
- 自分のカードができたら，模造紙の上で友だちのカードと合わせていきます。ここでは，いろいろな友だちとかかわりながら制作しようとする子どもを価値付け，人間関係を広げる機会にします。友だちと一緒にデザインを考えてつくりたい…など，制作意欲が高まった子どもが出てきたときは，友だちの机で一緒に描くことを許可してもよいと思います。
- 毎時間の終わりに必ずクラスの共同作品を全員で見て，ふり返りをしましょう。友だちとの関係を良好にする言葉や，作品の質を上げる発言，今日のがんばりが出てくると思います。

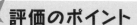 **評価のポイント**

　共同制作完成後，「どうしてこんなに素敵な作品に仕上がったのかな？」と，子どもたちに尋ねます。「一人一人がきれいな模様を描いたから」「○○さんと一緒に作るのが楽しかったから」「全員の模様がつながったから」などの感想が出てくると予想されます。そこで，子どもたちの発言を肯定的に受け止めて，以下のように，子どもたちのよさや一般化できることを伝えます。

- ルールを守ってカードをつなげると，素晴らしい作品が完成した（ルールの大切さ）
- クラス全員が，全員のカードとつなげることを楽しむことができた（協力の大切さ）
- 1人では制作できない。仲間がいるからこそ完成できた（仲間の大切さ）

★ **日常化のポイント**

　クラス全員が楽しく学校生活を送るヒントが，この活動には凝縮されています。「ルール」「協力」「仲間」です。できあがった作品や写真を掲示して，学校行事などで力を合わせてがんばりたいときやトラブルが起こったときなど，いつでも立ち返ることができる指導の柱にして話していけばよいです。

【参考文献】
富山県立近代美術館編『みんなのアート・ミュージアム2008』富山県立近代美術館　2007年

〈林紀予子〉

41 サッカー式あいさつ

■対象学年：全学年　■時間：3〜6分　■準備物：なし

ねらい 楽しさをみんなで感じながら，明るい雰囲気をつくる

♣ ゲームの概要

　これは，朝のあいさつを，サッカーのキックオフ前のあいさつ（セレモニー）の方法で行う活動です。審判（日直）を先頭に選手（子ども）は入場し，整列します。全員であいさつをしたあと，一人一人あいさつと握手をしていきます。「今日も1日がんばるぞ！」という気持ちになり，明るい雰囲気で1日をスタートすることができます。

進め方

❶「今日から朝のあいさつをサッカーの試合と同じやり方にします。セレモニーと言いますが，日本代表の試合で選手が入場してあいさつをしているところ見たことがある人？」と質問します。実際に映像を見せたり，サッカーを習っている子に説明してもらったりするなど，セレモニーの流れを説明します。

❷座席から日直を先頭に黒板前に入場し，日直を中央にして左右に開いて並びます。人数が多いクラスは，日直1人と半数の子どもが教室後ろに並びます。事前に場所を示し，座席からスムーズに並んで入場できるようにします。

❸日直に続いて，「おはようございます」とあいさつをします。

❹日直の左側に並んでいる子どもが，日直，右側の子どもたちと握手をしながらあいさつをしていきます。次に，右側の子どもたちが，日直と握手をしながらあいさつをします。

❺日直以外はそのまま座席に戻り，朝の会を始めます。

[アレンジ]

　❸と❹の間に，朝の歌を入れます。

雰囲気づくりのポイント

- 子どもたちが並ぶときに，音楽「アンセム」を流すと一気に雰囲気がアップします（日本代表が入場するときの音楽）。
- 教師は解説者となって場を盛り上げます。「待ちに待った○月△日が始まります。今日も元気にあいさつをしていいんですか？」「いいんです！」（あいさつ係や日直が行うのも可）。
- 教師も子どもと一緒に入場したりあいさつしたりして楽しみます。日直で空いたところに入るといいでしょう。
- 日直の子どもが黒色のビブスを着ると審判に見えます。また，日本代表や海外クラブチーム等のユニフォームを着ている子がいたら，見逃さずに声をかけます。
- 最初は並び方やセレモニーのやり方がわからない子どももいますが，続けていけばスムーズにできるようになります。慣れてきたら並ぶ場所を変えるのもよいです。

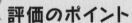 **評価のポイント**

「元気？　今日も1日がんばろうね」という気持ちを込めて，あいさつや握手をしたいものです。「相手の目を見てあいさつできているね」「笑顔であいさつしていて元気が出てきたよ」など，相手のことを考えてあいさつしている子どもを見つけて，声をかけます。また，選手になりきって入場している子どももいます。楽しい雰囲気でできるよう，教師も笑顔で進めます。活動後，「あいさつをする前より少しでも元気になったり，目が覚めたりした人？」と聞いて，あいさつのよさを実感できるようにします。「あいさつは自分だけじゃなくて，周りのみんなも元気にすることができるんだね。先生も寝不足で少し疲れていたけど，みんなのあいさつのおかげで元気が出てきたよ」など，教師の気持ちを伝えます。

> **日常化のポイント**
>
> 　練習が始まる頃から運動会当日まで，あいさつ週間など，期間を限定して行うとよいでしょう。なぜこの活動を行うのか，その目的をクラス全員で共有することが大切です。
> 　運動会に向けてチームワークを高めるために行うのか，みんなと楽しくあいさつをしてクラスの雰囲気を高めるために行うのか，目的によって最初の語りが変わってきます。子どもたちに，サッカーでは試合前になぜ握手をするのか考えさせます。あいさつの意味やすばらしさを伝え，相手に関心を向け，相手も自分も元気になるようなセレモニーにします。その際，あいさつや握手が流れ作業にならないように注意しましょう。

〈長崎祐嗣〉

42 レッツ！ババ抜きつ抜かレッツ！

■対象学年：５年生以上　■時間：30～50分　■準備物：トランプ（グループ数）

ねらい　ルールの大切さ，仲間の大切さを学ぶ

♣ ゲームの概要

　学級とは子どもの意図とは無関係に教室に集められた集団です。だから，年度はじめは集団としてはまだまだ未完成。教師と子どもの関係も，子ども同士の関係もとっても堅い…。そこで，あたたかい雰囲気をつくり，ルールを守ることの大切さを伝え，集団を構成する仲間の大切さを伝えるために，トランプのババ抜きをします。授業時間でババ抜き？　いいのかな？？　でも，ババ抜き成立のために集団がすることには，伝えるべきいくつもの価値があるのです。

進め方

事前準備として黒板に子ども全員分の名簿番号とゲーム数の表を書きます。

❶ルールを説明します。
　①最初は生活班でババ抜きをスタート→②ババ抜きをする→③順位が決まる→④黒板に自分のグループ内での順位を記入する→⑤全ての班の順位が出るまで待つ（待つ間は２回目をしていてもよい）→⑥教師の号令で席移動（１位の子どもは１位グループ，２位の子どもは２位グループなど順位ごとの新メンバーに再編成）→⑦教師の号令で再スタート→⑧②～⑦を繰り返します。

❷時間を見て終了します。

❸子どもに自分の合計ポイント（ポイント＝順位）を計算させます。

❹順位発表（合計ポイントが一番少ない生徒が優勝）

❺価値付けをします。最初の座席に戻し，「みんな楽しくできましたか？　みんなは，なぜ楽しくできたかわかりますか？」などの語りを入れます。そして最後の価値付けをします。これが一番重要です（評価のポイント参照）。

雰囲気づくりのポイント

　ババ抜きは誰でも知っているので、ルールが定着すれば、教師の大きな介入がなくても活動は進んでいきます。しかし、中にはハメを外したり、ルールを守らなかったり、他のゲームをしたいと主張する子どもも出てきます。教師は「ババ抜きのルールを守らないとみんなに迷惑かかっちゃうぞ。そんなの悲しいな」「クラスのみんなで進めていることだから、時間とルールは守ろう」「今日はババ抜きをみんなですることに価値があるのよ。みんなでする価値って何だろうね？　もう気がついた？」などと微笑みながら注意を促します。どうしても逸脱してしまう子どもには、「次の回からまた参加できるぞ。そのかわり6位の場所からね」などと受け入れる可能性が失われない安心感を与えることが大切です。また、活動が流れさえすれば、教師は子どもの様子を十分に見取る時間が生まれます。なかなか見ることができない子どもの意外な側面やサポートが十分に取られていない子どもに「すごいな！　また1位か！」「まあ、ここで運が悪かったら、このあとでよいこと起こるんじゃないか？」など、教師も前向きに楽しんでいる姿を見せることも、子どもとの関係に好影響を与えます。

評価のポイント

　「先生、一番だったよ」「またやりたい！」。その「楽しい」という感覚が生まれるために、子どもが果たした役割やその価値を伝え、今後の生活にどう結びつくのかを次のように語ることが重要なのです。
- 偶然集まったメンバーでも、決められたルールがあれば、みんなで楽しむことができます。
- 「いやだ！」「やりたくない！」「ルール無視しようぜ！」などという言葉がなく、全員が誰とでも公平に活動するから、全体が上手くいく、全員が楽しいのです。
- あなたが参加してくれるからゲームが成立する。1人じゃ何もできないし楽しくありません。
- 他の活動でも同じことが言え、意識して活動すれば今年の学級の活動が有意義になります。

　さらに、学級通信などでも活動の様子や写真と一緒に同じ語りを再度主張するのです。何度でも表現方法や媒体を変えて伝えていくことで、学級文化として形成されていきます。

日常化のポイント

　レクリエーションを実施する上では「ねらい」と「価値付け」が大きな教育的効果を生みます。班長会などの企画からも、クラスの仲間全員を大切にする「ねらい」とそのクラスだからこそ生まれる財産を「価値付ける」雰囲気が生まれてきたら、教室が、教師にも子どもにとっても幸せな居場所になっているのです。

〈山本宏幸〉

43 レッツ・シマーマ！

■対象学年：全学年　■時間：5〜10分　■準備物：タイマー，広い場所

ねらい 協力して立ち上がることで，力を合わせて課題解決する喜びや信頼体験を味わわせる

ゲームの概要

　向かい合って座り，足を伸ばしてつま先をつけ，手をつないだ状態から立つゲームです。教師やリーダーの「3，2，1，シマーマ！（スワヒリ語で立ち上がるという意味）」の合図で同時に立ち上がり，立ち上がることができたら喜び合います。

　最初は，2人組から行い，できるようになって，人数を増やしていきます。初めて出会う学級であれば，8人組までが達成感を得るのにはよいでしょう。慣れてきたら，人数を増やしたり，全グループが立ち終わるまでの時間を計測したりするなどの課題を設定します。大人数で立ち上がったり，全グループが立ち終わる時間を縮めたりと，協力して課題を解決していくと一体感が高まっていきます。

進め方

❶「みなさんは，自分の力でものごとを解決することが多くなってきましたが，人と心を合わせないと解決しないこともあります。人と心を合わせ，協力しないとできないゲームをします」

❷「2人組で，向かい合って座ります。足を伸ばしひざを曲げ，つま先をつけ，手をつなぎます」

❸「『せ〜の！』などのかけ声をかけて立ち上がりましょう。チャンスは一度だけです。立ったら『ヤッター！』などの声を上げましょう」「3，2，1，シマーマ！」

❹「うまくいきましたか？　うまく立てたペアもいましたが，うまく立ち上がれないペアもいるようですね。このまま終わっては，心残りでしょう。うまく立てたペアも，もっときれいに立ち上がりたいですね。特別にもう一度チャンスをあげます」

❺「2回目を行う前に，どうしたらうまく立ち上がれるか作戦タイムを取ります。相談しましょう。うまく立てたペアに聞きに行ってもいいです。30秒ほど時間を取ります。どうぞ」

❻「2回目に挑戦します（2回目を行う）。うまく立てたペアがたくさんになりましたね。それでは，4人組でやってみましょう」（以下，時間に応じて人数を増やす）

[アレンジ]

　ある程度の人数になったら，全グループが立ち終わる時間を計測し，時間を縮める課題を与えたり，クラス全員でやったりするのもよいでしょう。背中合わせで行うなど状況に応じて，課題を与えましょう。他のグループはどんな作戦か教え合うのもいいです。

雰囲気づくりのポイント

- 作戦タイムを取り入れ，相談し合うことが大切です。うまく立てたペアはよりうまく，立てなかったペアはどうやったら立てるのかを考え出します。上手なペアをお手本で見せたり，他のペアはどういう作戦か聞きに行ったりしてもいいでしょう。
- 立てたときに，「ヤッター」などの声やハイタッチなどをするペアを，大いにほめましょう。
- 人数を増やしたり，時間を計測したりすることで，うまくいくためにはどうしたらよいかを考える必要性が生まれます。うまく立てないグループがいて，モヤモヤした雰囲気になったときがチャンスです。「全員がうまく立つにはどうしたらよいか」と問いかけ，助け合うことのよさを味わわせます。

 評価のポイント

　活動後，どんな気持ちかをペアや4人組で話し合わせます。感想を全体でも共有します。
　「どうしてうまく立てるようになったのか」や「タイムが縮んできたのはどうしてか」「何が前と違うのでしょう？」と問いかけ，できるようになった過程をふり返らせます。すると，「手の組み方を変えてみた」「力の強い人が，苦手な人を引っ張ってあげた」「うまくいくためにどの並び方がいいかを考えた」などの言葉が返ってくるでしょう。そこで，
- 協力することの大切さ
- 今いるグループで達成するために，どうしたらよいか考えることの大切さ

といった，子どもたちが力を合わせて課題に向き合ったことをほめ，価値付けます。

> ★ 日常化のポイント
>
> 　体育のウォーミングアップや団体競技，行事の前などにも取り入れていきます。時間を計測する場合は，記録をし，「○月○日：○秒○○」などと教室に掲示しておきます。次に活動をしたときにうまくいかなかった場合，話し合わせチャレンジさせます。うまくいったら，協力したことやどうやったらできるかを話し合ったことをほめましょう。
> 　結果だけをほめるのではなく，その過程を認め，ほめることで他の日常場面で協力しなければいけないこと（係活動や学校行事など）にもがんばろうという雰囲気が芽生えます。
> 　その雰囲気が出てきたときに，「あのときみたいだね」とこのゲームのことを取り上げ，協力することの素晴らしさを想起させ，君たちならできると背中を押してあげましょう。

【参考文献】
日本レクリエーション協会監修『みんなのレクリエーションゲーム集』新星出版社　2006年
國分康孝監修／國分久子他編『エンカウンターで学級が変わるショートエクササイズ集』図書文化社　1999年

〈澤田祐介〉

44 みんなでぴたバラ

■対象学年：3年生以上　■時間：10〜20分　■準備物：A4用紙

ねらい　達成感や協力することの大切さを感じながらあたたかな雰囲気を高める

♣ ゲームの概要

　テーマから思い浮かべることができる言葉を，学級の子どもたち全員でぴったりと一致させたり（ぴったりゲーム），全員がバラバラにしたり（バラバラゲーム）することができるように工夫しながら取り組んでいくゲームです。

　「ぴったりゲーム」は，学級の子どもたち全員が「赤いもの」＝「トマト」というように言葉を一致させることができれば，ゲームクリアです。「バラバラゲーム」は，友だちが思い浮かべていないものを書くようにするなど，譲り合いながら言葉がバラバラになるように進めていきます。「赤いもの」＝「トマト」「いちご」「りんご」…などと学級の子どもたち全員の言葉をバラバラにすることができれば，ゲームクリアです。

進め方

❶「『みんなでぴたバラ』ゲームをします。今日は，『ぴったりゲーム』です」

❷「今日のテーマは，『赤いもの』です。テーマから思い浮かべることができる言葉はたくさんありますが，全員が同じ言葉を用紙に書くことができればゲームクリアです」

❸Ⓐ輪になり一人一人が思い浮かべた赤いものをジェスチャーで表し，多いものに合わせるようにするなど，一致するように考え，用紙に記入します。

　Ⓑ「みんなが思い浮かべているものは，食べられるものですか？」（全員に手を挙げてもらい，食べられるものが多ければ，「赤くて食べられるもの」にテーマを絞る），などというように質問をしてテーマから思い浮かべることができる言葉を絞っていきます。そして，何度か質問したあとに用紙に記入します。

[アレンジ]

　ヒントがなければ，難しいため，子どもたちに「どうしたら一致（バラバラに）させることができるかな」などと問いかけながらゲームを展開していきます。進め方やテーマによって難易度が上がったり下がったりするので，学年や発達段階に応じてⒶⒷのように様々なアレンジを行うことができます。

❹ヒントをもとに考えたあと，一人一人が用紙に記入し，一斉に用紙を挙げて揃っているかどうかを確かめます。用紙を上に挙げるときは，「みんなで」で挙げる準備をして，「ぴった

り」(バラバラゲームの場合は,「バラバラ」)と言いながら笑顔で用紙を挙げます。

♥ 雰囲気づくりのポイント

大切なことは,「学級の子どもたち全員の言葉が一致した」「全員の言葉がバラバラになった」という達成感を感じることができるように進めることです。その過程で,子どもたちに「どうしたら一致させる(バラバラにする)ことができるかな」というように問いながら,学級全体で協力していこうとする雰囲気をつくることをねらいます。

「ぴったりゲーム」では,1人だけ言葉が合わなかったりすることも考えられるため配慮が必要になってきます。そのようなときも合わなかった子どもに声をかけてあげられるような学級の雰囲気を大切にしながら,全員が揃ったときにみんなで「やったー」と喜べるような雰囲気づくりを心がけます。

「バラバラゲーム」については,テーマ(数が限られているもの)によっては,難易度が非常に高くなってしまうので,失敗で,かたい雰囲気が続かないようにテーマを工夫する必要があります。

★ 評価のポイント

学級の子どもたち全員の言葉が一致したりバラバラになったりしたらそのときの気持ちを子どもたちに問いかけます。すると,「気持ちが1つになった気がした」「最高!」といった声が返ってきます。

また,なぜクリアすることができたのかということを考えさせます。そのような活動の中から,「みんなで力を合わせて達成できたときの喜び」や「学級の子どもたち全員で協力していくことの大切さ」に関する子どもの発言や行動を認め,価値付けていきます。

> ★ 日常化のポイント
>
> 学校生活で「達成できたときの喜びが感じられた場面」や「学級の子どもたち全員で協力した場面」はどんな場面だったかをふり返らせ,日常場面と結びつけます。そして,これ以後もこのような場面を大切にしている子どもの発言や行動を認めたり価値付けたりしながら,学級の雰囲気を高めていきます。

〈北川 禎〉

45 手拍子インパルス

■対象学年：全学年　■時間：10～15分　■準備物：ストップウォッチ

ねらい　「みんなでできた！」という成功体験を通して，クラスで協力していく雰囲気をつくる

ゲームの概要

円になって手拍子を回します。ウェーブのようなイメージです。そして，手拍子が1周するまでのタイムを計ります。そのタイムをどれだけ更新していけるかというチャレンジです。

進め方

❶「コンパスでかいたようなまんまるの円を作ってください」
❷「今からみなさんが使うものは…『パンッ！』（と手を叩いて見せて）というこの1回の手拍子です。時計回りに順番に手拍子をしていきます。そしてどんどん手拍子を回していき，拍手のリレーを1周させます」
❸「ちょっとやってみましょう」（2周）
❹「じゃあ次は逆回り行きますよ」（2周）
❺「それではここからがチャレンジです。この拍手のリレー，みんなで回したときの1周のタイムを計ります。このとき，手拍子をとばさず，順番通りに回せたら成功。逆に，順番をとばすことがあれば，チャレンジは失敗です。わかりましたか？　まずは最初なので，目標タイムは○秒とします。準備はいいですか。ではさっそくやってみましょう」

[アレンジ]
　❺のチャレンジを始める前に，楽しい雰囲気をつくるために手拍子遊びをするといいです。例えば，「次は左と右の両方に手拍子を送ります。ちゃんと私のところに両方の手拍子が返ってくるかな？」と小さなチャレンジをさせます。両方から手拍子を回すことで，子どもは「今どこに手拍子があるのだろう」と目で追い，周りのみんなを意識できます。

雰囲気づくりのポイント

- 失敗OK！ 失敗してもドンマイドンマイ！…1回のチャレンジに時間がかからない活動なので，何度でもチャレンジさせることができます。大切なのは失敗しないことではなくて，チャレンジをあきらめないことです。
- 目標タイムの設定は小刻みに…この活動のよいところは自分たちのタイム設定次第で何度でも成功体験を味わえるところです。「みんなでできた！」という成功体験を積み重ねるために，子どもの中から成功するのが厳しすぎるタイムが出てきたときは，「みんなはどう思う？」「ちょっと厳しすぎるかな？」と聞いて，教師が修正していきます。ちなみに目標タイムは，クラスの実態に応じて，子どもが決めてもいいですし，教師が決めてもいいです。あくまでもねらいは「みんなでできた！」という成功体験を積ませてあげることですから。
- ごまかしは見逃さない…子どもは早く回そうとするあまり，順番をとばしてごまかすことがあります。クラスの実態に応じて，教師の介入が必要ですが，その判断を子どもに任せるという手もあります。「ごまかすことはできるだろうけど，正直にやった方が成功したときは嬉しいと思うな。だから，もし自分が失敗したな〜と思ったら，遠慮なくみんなに『ごめん，手拍子できなかった』と言ってください。それがみんなのためになるからね」と伝えます。自分の失敗をみんなの前で言えるクラスには，「自分の弱いところも見せていいんだ」という安心感があります。そのようなチャレンジの場を子どもに用意することも大切です。

評価のポイント

活動が成功したら，子どもたちに「どうして成功したんだろうね？」と問いかけます。すると，「作戦を立てたから」「失敗してもドンマイって言えたから」「あきらめなかったから」などの言葉が出てくると思います。そこで，教師は，
- 自分たちで話し合って作戦を立てることの大切さ
- あきらめずに何度もチャレンジすることの大切さ

といった，クラスで協力して目標を達成しようとしていた姿を認め，価値付けていきます。

日常化のポイント

「力を合わせて成功するのって嬉しいですね！ 今日みんなは，協力して次々と目標タイムを達成しました。そこには『失敗してもあきらめない』姿勢がありましたね。この先もうまくいくことばかりじゃないけど，『失敗しても大丈夫！ あきらめなければ成功できたんだから！』というこのチャレンジを思い出してください」と声をかけます。

〈中村友貴〉

第 5 章 「自分たちで問題を解決する雰囲気」をつくる学級ゲーム＆ワーク

46 自分たちだけでミッション解決！

■対象学年：3年生以上　■時間：15～90分　■準備物：適宜用意

ねらい 自分たちだけで課題を解決する態度を身に付ける

ゲームの概要

「素早く朝礼順に並べない」「教師が声かけをしないと自分たちで楽しいことを企画することができない」，そんな場面を目にすることはありませんか？　そんな子どもたちに身に付けてほしい課題を，教師がミッションとして子どもたちに提示します。子どもたちはミッションを成功させようと，自分たちだけで相談し，声をかけ合い，力を合わせます。繰り返しワークを行うと，自分たちだけで課題を解決できることに自信を持ち，さらに困難な課題にも自分たちだけで向き合おうとするようになります。

進め方

❶「今から，ミッションを出します」
❷「明日，転入生が来ます。転入生が喜ぶことを自分たちだけで考え，準備しましょう。全員で上手に分担して準備し，転入生が喜んでくれたらミッションクリアです」
❸「分担を話し合うために司会，副司会，書記を決めます。立候補する人はいますか」
❹「それでは自分たちで話し合って，やることと分担を決めましょう。話し合う時間は45分，準備する時間は45分です。それでは始めてください」
❺話し合い・準備・実践をします。
❻（活動終了後）「今日のミッションが成功だったか，転入生の友だちに聞いてみましょう」

[アレンジ]
　❶でミッションを出すとき，学級のキャラクターや正義の味方が助けを求めるなど，ストーリーを用意すると盛り上がります。パソコンを利用して，TV画面に映すといった方法もよいでしょう。

雰囲気づくりのポイント

- 最初は少し協力すれば解決できる課題がよいでしょう。私は学級開きで，「初めての席に，黒板に掲示された通りに声をかけ合ってすわろう！」とミッションを出すことが多いです。また，教室での整列指導をする際，「1分以内で整列を完了するために，どうしたらよいか考えよう」というミッションを出し，実際にできるようになるまで繰り返し取り組むこともあります。
- 「自分たちだけで解決する」ためには，すべきことが明確な必要があります。ミッションを伝える際，「友だちとケンカしないで」とか「友だちとがんばれるよう声をかけ合って」等，大事にしてほしい行動目標を具体的に伝えるといいでしょう。
- ミッションを提示する際，どういう状態になるとミッションが成功なのか，教師が明確に子どもたちに伝えておく必要があります。ある子にとって成功で，ある子にとって失敗だと，学級で揉め事に発展します（その揉め事を活かして，発展的に指導するという方法もあります）。どの子も明らかに成功！　と言えるような明確なゴールをはじめに提示しましょう。

評価のポイント

- 活動中，こちらが願う課題について，実際に行動している子どもに声をかけて評価します。
- 全員でミッションが成功したかふり返る際，成功の要因について子どもたち同士で意見を交流します。気づいていないようであれば，子どもたちのよい行動を教師から伝えます。
- ミッションがなくてもできるかどうか確認します。

　特に最後は大切です。普段の生活の中で，ミッションがなくてもよい言動をしている子どもがいます。そういう子どもをしっかりと価値付けることで，ミッションに頼らずに自分たちで行動できるようになっていきます。

★ 日常化のポイント

　子どもたちが自分たちで解決したことを，教室に掲示するなど，目に見える形にして残します。また，成功をしたらビー玉を大きな瓶に入れ成功の跡を残すのもよいでしょう。

　ミッションを失敗すると，教室の雰囲気が悪くなります。教師は失敗しても動揺せず，成功するまで何度か挑戦しましょう。教師が陰で手助けしてあげながらも，子どもたち自身が「自分たちだけで成功した」という達成感を味わえるといいでしょう。

〈松下　崇〉

47 バケッツ・ボール

■ 対象学年：3年生以上　　■ 時間：40分　　■ 準備物：バケツ，ドッジボール，ブルーシート

ねらい 全員で協力して課題を達成することを通して，課題解決の楽しさを味わう

🍀 ゲームの概要

　子ども全員でブルーシートを囲むように持った状態で，シート上に無造作に置かれたバケツとドッジボールを操ります。バケツの中にボールが入ったら，そうっとシートを床におろしていき，ボールの入ったバケツを立たせることができたらゴールという難易度の高いゲームです。「そんなの無理！」という声が聞こえてきそうですが，中学年の子どもたちでも可能です。

　リーダーシップやフォロワーシップ，みんなの気持ちを1つにすることやみんながあきらめないことで不可能を可能にすることができる，ということを実感できるゲームです。

進め方

❶「『バケッツ・ボール』というゲームをします」
❷「今みんなでブルーシートのはじっこを持っていますね。この中にバケツとドッジボールを入れます」
❸「みなさんはシートを放すことなく，バケツの中にドッジボールをしまってください」
❹「バケツの中にボールが入ったら，そうっとシートをおろし，バケツにボールが入った状態で床に立てることができたらゴールです」
❺「活動中は，シートから手を放してはいけません。また，足や体を使ってバケツやボールを操作してはいけません」
❻「もし，バケツやボールが自分の顔に飛んできて危険を感じたときは，手を放して自分を守ってください。ゴールよりもケガをしないことが大切です」
❼「やれそうですか？　難しそうですか？
　では，やってみましょう」

[アレンジ]
　ボールとバケツの数を増やしたり，軽いボールを使用することで難易度が上がります。逆にシートを折って小さくしたり，バケツの底面積を広くしたりすると難易度は下がります。

雰囲気づくりのポイント

- 最初はゴールまでの過程が見えずに，ひたすらシートを揺らし続けるでしょう。そのうち，バケツとボールが勢いよく飛び跳ねたり，シートを飛び出たりすることがおもしろくなっていきます。このとき，教師は全体にルールと安全が確保されているかに注意を払います。
- そのあと，偶然にバケツの口とボールがニアミスします。時にはスポッとバケツにボールが入りますが，すぐに外れてしまします。そのような状態になったときからチャレンジがスタートします。教師は「おしい！」「おっ！ できそう」「もうちょっとだったね」など笑顔で全体を励まし，子どもの集中力の持続を喚起しながら，リーダーシップを発揮している子やそれに協力しようとしている子，アイデアを出している子などに注目して観察します。
- 失敗を責める発言やあきらめの雰囲気が出始めたときは，一端活動を止めてみんなで話し合わせるとよいでしょう。「どんなクラスになりたいんだっけ？」「みんなが楽しく活動するために大切なことは何ですか？」「今，みんなの気持ちは１つになっていますか？」「どうすればゴールできそうですか？」などの発問で子どもたちのチャレンジの様子をふり返らせ，目標の確認をします。

評価のポイント

　活動が見事成功したら，「なぜクリアすることができたのでしょう？」と子どもたちに問いかけます。ふり返りの中で，活動中に表れた子どもの「リーダーシップ」「フォロワーシップ」「一体感」などを子どもたちの声から拾い，教師が整理し価値付けていきます。

> ★ **日常化のポイント**
>
> 　リーダーとフォロワーの関係は，学校生活の中でたくさん見られます。それらをこの活動と結びつけ，「バケッツ・ボールのときを思い出してごらん」とか「あのときと状況が似ているね。何が大切なんだっけ？」といった投げかけをするとよいでしょう。
> 　また，運動会や縄跳び大会，学習発表会などの行事の前にこの活動を行うことで，行事の中で発揮させたい協力の姿を共有することもできるでしょう。定期的にバケッツ・ボールを行い，今現在の協力レベルの度合いを測ることもできるかもしれません。

【参考文献】
国立妙高青少年自然の家（新潟県）で行われている「妙高アドベンチャー」のアクティビティを参考に筆者がアレンジ。

〈渡邊正博〉

48 超簡単ラグビー

■対象学年：3年生以上　■時間：45分（体育 or 学級活動など）　■準備物：直径20cm〜30cmほどのボール（柔らかくて痛くないもの），50cm程度のひも1人2本，ビブス，コーン8本

ねらい 協力して作戦を考えることで，自分たちで課題を解決する雰囲気をつくる

ゲームの概要

「ボールを持って，相手陣地に入ったら勝ち」というラグビー型の簡単なゲームです。3〜5人ほどで1チームを作り，ボールを持って走り込んだり味方にパスをしたりしてトライをねらいます。プレーヤーは，ズボンの両側面にひもを挟みます（チームで色を変える）。ボールを持っているとき，相手にひもを取られたり，ボールがサイドラインから出たりしたら相手ボールとなります。トライが決まる，または，制限時間が過ぎたら次のチームに交代します。鬼ごっこができれば誰でも参加できるので，技術の差に関係なく全員が活躍できます。攻め方，守り方の作戦を話しやすく，課題を解決する雰囲気を生み出しやすいゲームです。

進め方

❶「ラグビーをします。ルールは簡単です。ボールを持って，相手の陣地に入ったら勝ちです」
❷「ボールを持っているとき，腰に挟んだひもを相手に取られたら，相手のボールになり，取られた場所から再開します。ひもを取ったら『取った！』と大きな声で審判にアピールしましょう。取ったひもはすぐに返します。サイドラインからボールが出ても相手ボールになります。パスカットされても，相手ボールとなります。トライゾーンは，ボールを持った人しか入れません。トライゾーンの中でパスを待ってはいけません」
❸「相手にひもを取られないようによけたり，味方にパスをしたりしてトライをめざしましょう」
❹「どちらかのチームがトライするか，制限時間〇分が過ぎたら，次のチームと交代です」
❺「ゲームのあとに，どのようにボールを運ぶか，また，守るか，みんなで作戦を考えてもらいますよ。では，やってみよう」

[アレンジ]

数回実施したあと，本当のラグビーのように前方へのパスを禁止すると，難易度が上がります。

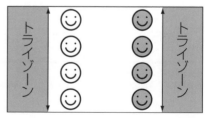

雰囲気づくりのポイント

　最も重要なポイントは，子どもの意識が「相手に勝つこと」だけに集中することを防ぐことです。ゲームの冒頭に，「チームのみんなと協力して色々な作戦を考えることが一番大切なことなんだよ」と価値付けます。チームで考えた作戦は全て公開を原則とし，全員の前で発表させます。そして，よいと思った作戦はまねしてよいことにします。全体でどの作戦がトライしやすいか，トライされにくいか交流することで，「勝つ」という意識から，「よい作戦を考える」ということがチームの課題となります。つまり，「結果」ではなく，「過程」を課題とするのです。「○○チームが考えた作戦がとてもよさそうだ。まねしてみようか」「○○チームの作戦をアレンジしてみよう」というように，勝敗を越えた課題解決の雰囲気をつくりたいものです。ホワイトボードや会場図を用意すると作戦会議はやりやすくなります。
【作戦例】おとり作戦⇨１人がボールを持って突っ込み，相手を引きつけてから味方にパスをする。

評価のポイント

　活動を評価するポイントは，①全員が作戦会議のときに意見を出すことができたか，②全員が作戦の中で活躍できたかの２つです。①に関しては，グループで活動をするとき，どうしても発言は活発な子どもに偏ってしまいがちです。作戦会議の評価のポイントとして，「全員が何か必ず意見を話すこと」を示し，それを事後にふり返らせます。②に関しては，一人一人がゲームの中で何の役目を担っていたかどうかふり返りをさせます。トライはできなかったかもしれない，でも，相手のトライを防ぐために壁になった，追いかけたというような目立たないことも，チームへの重要な貢献であるということを価値付けします。トライを決めた，勝ったというような結果だけでなく，過程と貢献を評価します。

> ★ 日常化のポイント
>
> 　全員が課題解決にかかわることのよさをこの活動で味わったあと，日常の学校生活においてもふり返りを行うとよいでしょう。例えば，授業場面では，発言する人にばかり注目が集まりやすいですが，発言しようとした子どもや友だちの発言を聞こうとした子ども，発言はしなかったけれどノートに書いた子どもに対しても，「よい授業をつくるためにがんばってくれたんだね」と，その貢献を価値付けます。このようにして全員での課題解決へのモチベーションを高めていきます。

【参考文献】
文部科学省『小学校学習指導要領解説　体育編』（H20年版）に例示されているタグラグビーを筆者がアレンジ。

〈和田　望〉

49 毎日のクラス会議

- 対象学年：全学年　　■時間：10～15分
- 準備物：トーキングスティック，議題カード，議題箱，サイコロ

ねらい 全員で議題に対する解決策を考えることで，学級に自治的な雰囲気をつくる

ゲームの概要

毎日朝の会で行う短時間のクラス会議です。全員で輪になって，議題（個人の悩みや願い等）の解決策を一人一人が発言します。そのあと，議題提案者が一番いいと思う解決策を決定します。議題の解決策を毎日話し合うことで，子どもたちが学級に対する所属感や信頼感，貢献感を持てるようになり，自分たちで問題を解決する雰囲気がつくられていきます。

進め方

[事前指導]「毎日『クラス会議』という活動を朝の会で行います。議題カードに自分の困ったことや願い等の話し合ってほしいこと，日付と自分の名前を書いて，議題箱に入れます。人の名前を書く場合は『○○さん』と書き，出された議題の解決策を全員で考えます」

❶「素早く机を後ろに下げて，イスで輪を作りましょう。時間を計ります，よーいスタート！」

❷「サイコロで話す方向を決めます。1～3が出たら右回り，4～6が出たら左回りです」

❸「『ありがとうみつけ』をします。次の順番の人にぬいぐるみを渡しながら『～してくれてありがとう』と言いましょう。もし言えなければパスをしても OK です」

❹「今から議題を読み上げます。（議題を読み終わったあと）Aさん（議題提案者），もう少し詳しく教えてください。（その後）ではAさん，話し合いますか？」（話し合わない場合は次の議題へ）

❺「みんなで順番に解決策を言っていきましょう。思いつかなければパスをしても OK です」

❻「Aさん，一番いいと思う解決策を選んでください」

準備物
- 議題箱
- トーキングスティック（ぬいぐるみ）
- 議題カード
- サイコロ

雰囲気づくりのポイント

- 教師がまず,笑顔で明るい声で話すようにしましょう。パスが多くなっても平常心で進めます。あくまで「解決策を話し合うことが楽しい」というスタンスで行いましょう。
- 最初は輪を作るだけ,輪になってフルーツバスケットをするだけ等でOKです。「輪になって活動することが楽しい」という雰囲気をつくりましょう。
- 始める前に,気持ちよく話し合いをするためのルールを子どもたちと確認しておきます。人の話が聞ける雰囲気をつくっておくことが大事です。
- 「ありがとうみつけ」は,「隣に座ってくれてありがとう」といった当たり前のことでもよいことを伝えましょう。子どもたちは,「そんなことでいいんだ」と自信を持ちます。

評価のポイント

「ありがとうみつけ」が終わったあとに,「『ありがとう』があふれて幸せな雰囲気になったね」と子どもたちに笑顔で伝えましょう。また,解決策を話し合ったあとに,議題提案者に,「話し合ってもらってどう思った?」と聞きましょう。「みんなに話し合ってもらってうれしかった」といった答えが返ってくるでしょう。さらに,他の子どもたちに「解決策をみんなで考えてみてどうだった?」と問いかけると,「難しかった」「楽しかった」「役に立てて嬉しい」といった様々な答えが返ってきます。そこで「あたたかい雰囲気の中で,楽しみながらみんなで解決策を考えられるって素敵なことだね。私たちはみんなで役に立てるんだね。これからも毎日こんなふうにみんなで解決策を考えていきましょう」と活動に対する肯定的な評価,価値付けをしましょう。

日常化のポイント

- 生活の中で「ありがとう」と子どもが言う場面があったら,「そうやって些細なことでもありがとうを言えるって素敵だね。ぜひ『ありがとうみつけ』で言ってね」と言います。
- 生活の中で,議題に提案されたことで改善されていたことがあれば,「議題を出してもらったことで,みんなの(個人の場合は○○さんの)生活が前よりよくなっているね!」というふうにすかさず価値付けるようにしましょう。
- 「解決策を試してみてうまくいかなかったら,また議題に出せばいいんだよ」と言っておくことで,子どもたちにチャレンジの機会と再提案,再試行の機会を与えることができます。

【参考文献】
ジェーン・ネルセン,リン・ロット,H.ステファン・グレン著/会沢信彦訳/諸富祥彦解説『クラス会議で子どもが変わる―アドラー心理学でポジティブ学級づくり』コスモス・ライブラリー 2000年

〈堀内拓志〉

50 週1回のクラス会議

- 対象学年：全学年
- 時間：35〜45分
- 準備物：トーキングスティック，議題ポスト，議題提案用紙

ねらい 自分たちの問題を全員で話し合って学級をよりよくしていこうとする雰囲気をつくる

ゲームの概要

みんなに相談したいことやみんなで決めたいことを議題ポストに議題として投函します。出された議題を週に1時間程度，全員で話し合って解決します。解決策がうまくいったかどうか，次の会にふり返ります。

進め方

❶「イスだけで輪になりましょう。『思いやりをもって，すばやく，静かに』やってみましょう」

❷「いい気分になったこと，誰かに感謝したいこと，ほめたいことを発表します。発表は輪番です。発表者はトーキングスティックを持ってください。先生から話します」

❸「前回の解決策をふり返ります。前回の解決策はうまくいきましたか」

❹「今日の議題を読み上げます」

❺「今日の話し合いは，最後に誰が決めますか？ 提案者の〇〇さんですか？ みんなですか？」

❻「まず，解決策を集めます。トーキングスティックを持って順番に発言して下さい。言えないときは『パスします』と言って下さい」（意見を全て板書する）

❼「それぞれの意見に対して，『よいところ』や『心配なところ』を言って，よりよい解決策を探しましょう」

❽「解決策を決めましょう」（個人の議題の場合は「〇〇さん，この中でやってみたい解決策を選んで下さい」，みんなの課題の場合は，多数決をする）

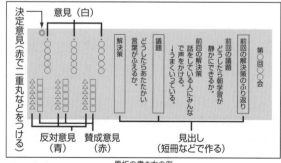

黒板の書き方の例

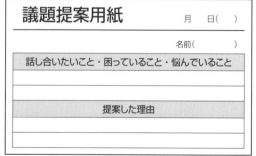

議題提案用紙の例

雰囲気づくりのポイント

- 子どもたちの話し合いにできるだけ介入しないようにします。ただし，決定事項が学校のルールを破ったり，個人を傷つけてしまったりする可能性がある場合は，決定する前に問題点を指摘するなどして，多数決などでそれに決まらないように指導します。
- 決定事項が，たとえ稚拙なものであっても，自分たちで決めることができたことを喜んでください。そして，子どもたちの取り組みを守り，応援するようにします。
- ねらう雰囲気をつくるためには，定常的に実施することが大事です。時間枠を決め，週に1時間程度実施するようにします。
- 最初にどれだけ話しやすい雰囲気をつくるかどうかが，成功のカギです。「いい気分・感謝・ほめ言葉」に入る前に，冗談を言ったり，子どもたちのよいところを見つけてほめるなどして，明るい雰囲気をつくります。

評価のポイント

　子どもたちが，取り組みを始めたら極力口出しを控えて見守ります。もし，子どもたちが自分たちで問題を解決したら，「えらい」とか「すごい」などとほめるのではなく，そのことを喜ぶようにしてください。教師の喜ぶ姿が子どもたちのやる気を高めます。

　もっと大事なことは，子どもたちの取り組みが失敗したときの教師の態度です。成功したかどうかよりも，「取り組もうとしたか」「どこまでできたか」「どのように取り組んだか」など，意欲や成長したところや取り組み方に注目して，そこで見られた積極的な姿を指摘するようにしてください。例えば，「うまくいかなかったけど，よく声をかけ合っていたよね」「目標まで，あと少しだったけど，前よりもよくなったよね」などのようにです。

★ 日常化のポイント

　学習場面でも問題解決の場面をつくります。「この問題を班の人と相談して解きましょう」または，「隣の人と相談して，□に当てはまる言葉を考えましょう」などと，力を合わせて問題を解決するような場面を取り入れます。また，生活指導でも指示するのではなく，「〜しなさい」「〜しましょう」と「どうしたらいいと思う，考えてごらん」などと子どもたちに日常的に課題に対して考えさせる声かけをします。

【参考文献】
赤坂真二著『赤坂版「クラス会議」完全マニュアル―人とつながって生きる子どもを育てる』ほんの森出版　2014年

〈赤坂真二〉

おわりに

　数年前に，ある大物実践家と飲みながら話していたときに，「教室を支配するものは何か」という話になりました。支配というと大げさかもしれませんが，それくらい強い影響力を持つものは何かということです。教師のカリスマ性，怖さ，おもしろさ，教室のルール，教室内の人間関係などなど様々な要因が挙げられました。しかし，どれも今ひとつ「帯に短し，襷に長し」というか「かゆいところに手が届いていないなあ」という印象でした。それからさらに話し込んでいるうちに，「これだ！」というものが見つかりました。

　それが，「雰囲気」だったのです。いつか「雰囲気づくりに特化した講座をやろう」などと，そのときは盛り上がりましたが，ほとんど冗談で，周囲もゲラゲラ笑っていました。しかし，それから「学級崩壊」という深刻な事態が広く知られるようになり，集団づくり研究が進み，集団づくりに必要な条件として，規範意識の高さとかあたたかさなどの重要性が指摘されるようになりました。

　規範意識は，ルールを守ろうとする雰囲気と強くかかわっています。また，あたたかさは雰囲気そのものです。集団づくりにおいて，雰囲気の存在は無視できないことがわかってきたのです。各家庭には家風があります。伝統校には校風があります。この〇〇風というときに言われる「風」も，雰囲気のことだと捉えて差し支えないでしょう。教育現場では，この雰囲気の持つ力を活用して，子どもたちを指導してきたのです。このつかみどころがないにもかかわらず，強い力を持つ雰囲気を，ゲームやワークという具体的な形で捉えたところが本書の最大のおもしろみだと思います。

　今回，執筆を依頼させていただいた多くの方々に，企画の内容をお話しすると二つ返事の快諾と「おもしろそうだ！」という積極的な関心を示していただきました。それだけ，実践家のみなさんが雰囲気の大切さを実感されていたのではないかと思っています（私が，断れない「雰囲気」を醸し出していたのかもしれませんが…）。

　しかし，書籍の出版となるとそれが編集の段階で理解されるか心配なところもありました。記述するにはあまりにも不確定な要素が多いからです。しかし，不確定要素の多いこの企画に，興味と理解を示し，実現してくださったのが，明治図書出版の木山麻衣子さん，松川直樹さん，そして吉田茜さんです。お三方がチームとなって執筆陣を盛り立ててくださいました。木山さん，松川さん，吉田さんに心から感謝申し上げます。そして，何よりも珠玉の実践を寄せて下さった執筆者の皆様のおかげで，本書を世に出すことができました。また，私の研究室のメンバーには研究活動の合間を縫って，細かな編集作業をお手伝いしていただきました。特に新潟県の現職院生，渡邊正博さんには，とりまとめ作業をしていただきました。お礼を申し上げます。

2015年1月

赤坂真二

【執筆者一覧】（執筆順）

赤坂　真二	上越教育大学教職大学院准教授
三好　真史	大阪府堺市立赤坂台小学校
上山菜海子	大阪府堺市立赤坂台小学校
野口　亮	兵庫県尼崎市立武庫東小学校
鍋田　宏祐	大阪府柏原市立堅下北小学校
橋本　貴	大阪府岸和田市立大芝小学校
江口　浩平	大阪府堺市立金岡南小学校
髙橋　克博	宮城県仙台市立富沢小学校
高橋　宇	上越教育大学赤坂研究室
三澤　勇介	上越教育大学赤坂研究室
元吉　佑樹	千葉県千葉市立鶴沢小学校
虎竹信之介	千葉県千葉市立高洲第四小学校
丸山　和也	埼玉県越谷市立宮本小学校
山中　順	香川県坂出市立金山小学校
福永　博一	山口県山口市立大内南小学校
新妻　蘭	ハンブルグ日本人学校
田頭　佳苗	神奈川県横浜市立茅ケ崎中学校
久下　亘	群馬県高崎市立榛名中学校
成田　翔哉	愛知県大府市立吉田小学校
深見　太一	愛知県豊田市立中山小学校
小野　領一	奈良県大和郡山市立矢田小学校
松尾　英明	千葉県木更津市立畑沢小学校
岡田　広示	兵庫県佐用町立佐用小学校
新井奈緒美	群馬県高崎市立倉渕小学校
海見　純	富山県滑川市立早月中学校
荒巻　保彦	和歌山県新宮市立三輪崎小学校
渡邊　正博	新潟県上越市立春日小学校
和田　望	新潟県上越市立春日小学校
岡田　敏哉	新潟県上越市立城北中学校
藏屋　瑞代	宮崎県串間市立都井中学校
林　紀予子	富山県高岡市立牧野小学校
長崎　祐嗣	愛知県名古屋市立豊岡小学校
山本　宏幸	新潟県上越市立城北中学校
澤田　祐介	新潟県上越市立春日小学校
北川　禎	新潟県上越市立春日小学校
中村　友貴	石川県金沢市立内川小学校
松下　崇	神奈川県横浜市立川井小学校
堀内　拓志	三重県四日市市立笹川西小学校

【編著者紹介】

赤坂　真二（あかさか　しんじ）

1965年新潟県生まれ。上越教育大学教職大学院准教授。学校心理士。「現場の教師を元気にしたい」と願い，年間約100回の講演を実施して全国行脚。19年間の小学校勤務では，アドラー心理学的アプローチの学級経営に取り組み，子どものやる気と自信を高める学級づくりについて実証的な研究を進めてきた。2008年4月から，より多くの子どもたちがやる気と元気を持てるようにと，情熱と意欲あふれる教員を育てるために現職に就任する。

【著　書】

『先生のためのアドラー心理学―勇気づけの学級づくり』（ほんの森出版，2010）
『教室に安心感をつくる』（ほんの森出版，2011）
『スペシャリスト直伝！　学級づくり成功の極意』（明治図書，2011）
『スペシャリスト直伝！　学級を最高のチームにする極意』（明治図書，2013）
『赤坂真二―エピソードで語る教師力の極意』（明治図書，2013）
他多数

【本文イラスト】木村美穂

クラスを最高の雰囲気にする！目的別学級ゲーム&ワーク50

| 2015年2月初版第1刷刊 | ©編著者 | 赤　坂　真　二 |
| 2017年6月初版第8刷刊 | 発行者 | 藤　原　久　雄 |

発行所　明治図書出版株式会社
　　　　http://www.meijitosho.co.jp
　　　（企画）木山麻衣子・松川直樹（校正）吉田　茜
　　　〒114-0023　東京都北区滝野川7-46-1
　　　振替00160-5-151318　電話03(5907)6702
　　　ご注文窓口　電話03(5907)6668

＊検印省略　　組版所　株式会社ライラック

本書の無断コピーは，著作権・出版権にふれます。ご注意ください。

Printed in Japan　　　ISBN978-4-18-181124-2